互联网背景下高校学生管理模式创新研究

冷天玖　著

·北京·

内 容 提 要

互联网信息时代的到来，在给各行各业带来了前所未有的机遇的同时，也带来了新的压力和挑战，加之我国的高校教育起步晚、发展快，各项工作更需要加大探索力度，学生管理工作亦如此。所以如何在“互联网+”时代做好学生管理工作是相关工作人员十分关心和重视的课题。

本书采用理论分析、实地调查的方式，在探究了互联网背景下高校学生管理模式中存在问题的基础上就如何做好学生管理模式的转变及创新工作进行了重点的分析和研究，希望能够对相关读者有所裨益。

图书在版编目（CIP）数据

互联网背景下高校学生管理模式创新研究 / 冷天玖著. -- 北京 : 中国水利水电出版社, 2020.9（2024.1重印）
ISBN 978-7-5170-8819-6

Ⅰ. ①互… Ⅱ. ①冷… Ⅲ. ①高等学校－学生－学校管理－研究－中国 Ⅳ. ①G645.5

中国版本图书馆CIP数据核字(2020)第168213号

责任编辑：陈　洁　　封面设计：邓利辉

书　名	互联网背景下高校学生管理模式创新研究 HULIANWANG BEIJING XIA GAOXIAO XUESHENG GUANLI MOSHI CHUANGXIN YANJIU
作　者	冷天玖　著
出版发行	中国水利水电出版社 （北京市海淀区玉渊潭南路1号D座　100038） 网址：www.waterpub.com.cn E-mail：mchannel@263.net（万水） sales@waterpub.com.cn 电话：（010）68367658（营销中心）、82562819（万水）
经　售	全国各地新华书店和相关出版物销售网点
排　版	北京万水电子信息有限公司
印　刷	三河市华晨印务有限公司
规　格	170mm×240mm　16开本　12印张　213千字
版　次	2020年9月第1版　2024年1月第2次印刷
印　数	0001—3000册
定　价	58.00元

前言

随着经济的发展，我们已经步入互联网信息时代。互联网信息时代给各行各业带来了前所未有的机遇，同时也给各行各业带来了巨大的压力和挑战，尤其是对我国的高校事业影响意义深远。我国高校教育起步晚、发展快，各项工作更需要加大探索力度，学生管理工作亦是如此。本书着眼于互联网背景下的高校学生管理模式，充分利用不断涌现的先进理论与实践内容，试图从理论、方法与实践上寻求突破，以满足高校学生管理工作的不同类型、不同层次的需要。互联网的特点是传播速度快、效率高、传播范围广、资源共享等，对于高校进行学生管理有很好的帮助和启发作用，它可以创新学生管理的方式方法，可以推陈出新，可以增强大学生的综合素质。

本书在撰写中突出实用性、科学性与先进性，采用理论分析、实地调查的方式，在探究了互联网背景下高校学生管理模式中存在问题的基础上，就如何做好学生管理模式的转变及创新工作进行了重点的研究和阐述。全书分为六章，第一章主要阐述高校学生管理的内涵、指导思想与原则、研究对象任务和方法等；第二章介绍互联网背景下高校学生管理现有模式及问题分析，分别论述了人格化管理模式、制度化管理模式和温情化管理模式以及对传统的管理模式进行反思，找到改进的方法；第三章阐述互联网对高校管理模式的影响，分别从互联网对学校环境、对大学生以及对学生工作管理者三个方面的影响进行剖析，让读者知晓互联网给我们带来的影响；第四章讲述互联网背景下高校学生管理模式的创新路径，让读者知晓如何利用互联网提高高校学生管理工作的效率；第五章研究了互联网背景下高校学生思想政治教育，论述了在互联网环境下，高校的思想政治教育和路径优化；第六章是对互联网背景下高校学生管理工作的思考以及实践研究。

本书更加注重学生管理工作的创新与实践，书中所涉及内容紧跟高校学生管理工作的步伐。作者紧密围绕高校管理工作流程，结合高校的实际情况，较全面系统地论述了高校学生管理工作的权利和义务、互联网对研究对象的影响等。在此基础上，作者凭借多年的工作经验，添加和补充了新的理念，充实了高校管理工作的新概念，增强了互联网背景下高校学生管理工作的先进性和科学性，希望能够对相关读者有所裨益。

在撰写过程中，作者学习、参考、引用了国内不少学者的著作和论文，在此，向他们表示深深的敬意。由于水平所限，有些地方存在不足，期盼您的批评指正。

作　者

2020 年 4 月

目　录

第一章 绪论

高校是培养社会主义事业接班人的重要基地和摇篮。我们必须始终坚持社会主义办学方向，把德育放在首位，这是为社会主义培养人才的首要标准。为社会主义建设培养有用的人才是一项巨大的工程，需要高校各方面齐抓共管，共同努力。而发挥高校学生工作专职人员的作用，加强对大学生的教育和管理，是高校学生管理工作的切入点和着力点。

第一节 高校学生管理概述

一、高校学生管理的内涵

高校学生管理是指高校按照国家的政策法规、教育方针，高校的管理人员对学校内部的各种因素，例如人、财、物等进行预测、计划、组织、实施、协调、监督、控制、反馈等的管理科学，目的是实现高校为国家培养合格人才的目标。作为学校管理工作之一的高校学生管理工作，是学校管理的重中之重，它具有极其丰富的内涵。第一，高校学生管理工作的对象是大学生群体，学生管理工作就是要掌握青年学生的思想变化，通过对学生生理、心理、知识、能力、兴趣等进行把握，分析影响，掌握规律。第二，高校学生管理工作还要分析管理者本身即做学生工作的人员。管理者本身需要具有相应的学识、能力、业务素质等，高校要注重对管理者的培养和管理队伍的建设。第三，高校学生管理工作的管理体制、管理方法、管理原则、管理目标、教育目标、学生课外活动、国家教育法规政策等都是高校学生管理工作要研究的对象。

二、高校学生管理研究的内容

作为高校教育工作内容之一的高校学生管理，既具有教育科学所包含的规律，又具有管理科学所包含的规律。我们认为，高等教育学有着所有管理学所具有的共同特征，即以效率为研究主题，它和管理学融汇碰撞产生大学生管理这一门学科，属于综合的应用学科。具体研究的课题是大学生管理的效率——最有效地达到大学生的培养目标。我国的大学生管理，就是要在我国的教育法律法规、教育方针的指导下，最终实现培养出德、智、体、美、劳等全面发展的全能型人才的目标，使我国的人才培养计划达到最佳、管理体制达到最佳、决策最佳、程序最佳等。大学生管理这一学科与很多学科都有关联，例如，行政学、教育学、社会学、管理学、哲学、经济学、心理学、逻辑学等。所以，我们在进行大学生管理工作的研究时，务必要广泛地应用以上所列出的各门学科理论，将其应用到实践中。我们的研究工作要更加具有科学性，同时可以增加大学生管理工作的有效性。

三、高校学生管理的特点和作用

高校学生管理是学校管理的一个重要分支，是学生管理理论与实践的高度综合与概括。半个多世纪以来，我国高校学生管理的实践证明，对大学生的成功管理，必须以马克思主义理论为指导，必须与时俱进，必须从我国的实际情况出发，同时又要遵循高校管理的基本规律，把握住高校的特点。只有这样，才能使高校学生管理产生积极的效益，确保学生成才。

（一）高校学生管理的特点

1. 政治性

管理是一种有目标的活动，管理工作必然具有某种方向性。这种方向性在特定的时期体现为政治性。当前，高校学生管理必须紧紧围绕着为全面建设小康社会，为中国特色社会主义培养合格人才这一中心目标服务，这是我国目前高校学生管理工作中的一个本质特点。学生管理工作作为一种手段，是为教育方针服务的，而教育方针是一定时代的政治、经济和文化等现实在教育领域的反映。众所周知，中外教育史上都有重视德育的传统，但不同时代、不同社会，其德育的内涵是大不相同的。例如，欧美等西方国家与中国都在教育中强调了人本思想，但由于政治、文化的不同，欧美学校教育中的“人本”是个人本位的人本思想在教育中的反映，中国教育中的“以人为本”则是一种以广大人民群众利益为本的集体本位的人本思想，或者说是“民本”，因此其本质意义是大相径庭的。欧美等西方社会强调的个人本位“人文”教育，其目的是为他们的社会培养接班人；中国作为社会主义国家强调的集体本位思想政治教育，是为中国特色社会主义事业培养建设者和接班人。这就是教育方针的政治性。学生管理无疑是要为教育方针服务的，也就不可能不在其工作中体现出政治性。学生管理工作的政治性，决定了学生管理工作者必须具备应有的政治素质，不断提高自身的政治敏锐性，时刻关注政治局势，把握大局，保持与党中央的高度一致。

2. 针对性

学生管理既然是管理，就不可能脱离开管理学科的特点，它不可避免地要吸收国内外相关管理科学方面的理论知识体系和工作经验。但大学生管理不同于一般的管理，它有着自己的特殊性。这些特殊性至少表现在以下四个方面：①管理的对象是大学生（社会角色而言），他们本身就是一个特殊的社会群体，是一群掌握着一定基础知识和专业知识的潜在人才群体；②管理的对象是青年（生理心理角色而言），他们处于血气方刚、激情澎湃、感情冲动、充满朝气的人生阶段；③这种青年群体与军事编制中的军人青年群体是不同的，他们的首要任务是学习；④管理的对象是正在接受知识教育和思想道德教育的青年群体，他们是一个处于思想独立而在经济上又不能独立的半独立状态的青年群体。上述四个方面的特点决定了高校学生管理的针对性，决定了高校学生管理必须涉及青年学、教育学、人才学和管理学等诸方面的知识体系。

从青年学（含生理学、心理学）的角度而言，我们应当看到，大学生管理面对的是一群有血有肉、生龙活虎和朝气蓬勃的年轻人，他们的世界观、人生观、价值观尚未完全定型。他们对异性的关注、与异性的交往、对爱情的渴望、对性道德的理解和对人生的理解等，都有着我们这个时代的烙印，受到所处的时代环境的影响，与20世纪50～60年代生长起来的一代人是有着明显区别的。要管理好他们，就必须研究了解他们；要研究了解他们，就必须把握时代特征；要把握时代特征，就必须弄清楚这个时代的政治、经济、文化及科学技术发展的大方向。

从教育学的角度而言，高校学生管理必须有利于青年大学生的成长，必须符合教育规律。换言之，就是大学生管理必须按教育学、人才学所揭示的规律来进行。比如，大学生德育、智育、体育之间的关系如何在学生管理中有机融合的问题；知识的获得与能力的培养如何有机协调的问题；尊重学生个性与学校统一管理如何获得有效一致的问题；课堂教学与社会实践如何结合的问题等，都是需要认真研究探索的。

从管理学的角度而言，科学的管理从本质上讲是法治化、人性化的管理。管理的有效实施离不开规章制度的建设，而法律与规章制度的制定往往是以一定的理念为指导的。在法学中，指导法律制定的是法理（法律理论），而在政策学中，指导规章与政策制定的是政治理论和与政治理论相关的哲学理论。由于法律与规章政策所针对的都是人，所以，两者都离不开对人的理性化认识。也就是说，如果一种规章制度是与受它管束的人的本性相悖的，是非人性化的，那么，这个规章制度必然得不到良好的执行，即使执行了，也会带来许多负面影响。对于学校来说，这种负面影响必定是不利于学生成长和人才培养的。

3. 科学性

对于大学而言，建立一套集德、智、体及日常生活管理于一体的系统管理制度，其实质是一种约束和规范，即把学生的思想、情感、行为和意志等引导到国家所倡导的培养目标上去。这一活动目标的实现，要求制度具有科学性。而高校学生管理制度的科学性至少包括以下几个方面的内涵：

（1）符合法律法规。即要求学生管理制度符合国家法律法规的要求。

（2）符合学校的实际。学校的实际包括学校的层次类型以及学校所在地的人文风情。

（3）符合大学生的生理、心理特点。这就要求高校的学生管理制度制定者必须了解学生，既了解大学生的实际情况，又清楚我们的培养目标与要求。

（4）具有可操作性。作为管理制度，尽管有理论指导，又与理论有所不同，其最大的特点就是它必须具有可操作性才能真正达到管理的目的。没有可操作性的所谓制度，再好也只能是理论上正确而不能执行的制度。如果不顾实际情况，不根据发展的政治、经济形势和法律规章而坚持推行在原来的形势下制定的相关规定，其结果必然是“无法操作”的无效制度，导致的最终结果是不利于高校的发展、学生的成才，更不利于党的教育方针的有效实施。

（二）高校学生管理的作用

实现全面小康，需要千百万建设社会主义事业的专门人才，而高校在现代社会中是人才的“加工厂”，担负着培养人才的重大责任。高校学生管理工作是高校教育管理工作的重要一环，其责任总体上与高校的根本任务是一致的。这种责任决定了高校学生管理工作的重要作用，它主要反映在以下几个方面。

1. 育人作用

高校学生管理是高校管理的重要方面，高校是人才培养的基地，高校管理是为培养人才服务的，高校学生管理更是直接针对大学生的，但这种管理却与一般意义上的管理不一样，它不是单纯的管理，而是带有教育性质的服务，即不仅要通过管理促进高校的有效运行，而且要通过管理达到教育目的，使学生成为高校的合格“产品”。也就是说，高校的学生管理是一种“管理育人”的管理，这种管理要与高校的教学、思想政治工作和心理健康教育等一系列工作有机结合起来，产生一种管理育人的效果，促使党的教育方针在高校真正得到落实。

2. 稳定作用

高校学生是一个特殊的社会群体，他们具有较高知识水平，而又处在朝气蓬勃、充满激情、追求真理、关心时事的年纪。同时，这个年龄阶段的群体也有着固有的不足：思想稚嫩、渴望尊重、易走极端、时有盲从、阅历较浅、情绪不如成年人稳定等。他们在法律上是完全民事行为能力人，但从某种意义讲，他们在心理上却是准成年人。与其他同龄人相比，他们掌握着更多的知识，但较之真正的知识分子，他们的知识又存在结构上的缺陷和知识量上的不足。这样一个大的群体居住在一起，各种矛盾冲突在所难免，处理不当，极易发生群体性事件。在全面建设小康社会的过程中，各种政治、经济、社会和文化等方面的矛盾必将反映到大学生中来，如果管理不到位，缺乏敏锐的政治意识，高校的群体事件就可能酿变为政治性群体事件，从而给社会的稳定带来威胁。因此，依法管理，通过制定并实施符合学校实际的规章制度，引导大学生端正学习态度，明确学习目的。大学生要掌握正确的学习方法，养成良好的生活习惯，学校通过各种渠道和措施，为大学生建构良好的心理品质，形成稳定的情绪，从而保持教学的稳定，是高校学生管理的又一重要作用。

3. 增强大学生能力的作用

高校是培养人才的场所。高校的学生管理应有培养学生的功能，应发挥增强学生能力的积极作用。例如，社会实践的管理，可以增强大学生的社会实践和社会活动的能力；实验室的管理，可以增强学生的动手能力；心理咨询可以提高学生自我认识、自我调节的能力；学生的党团活动可以提高学生对党团的认识水平。

四、管理过程中要处理好的关系

（1）学生管理与规章制度的关系。高校学生管理要经过制定并实施必要的规章制度来实现。教育部根据党和政府的教育方针、青年大学生成长的特点以及长期以来的工作经验，已经制定了《普通高等学校学生管理规定》，这是对大学生进行科学管理的一个基本的法规性文件。各高校也结合自己的实际情况，建章立制，制定了一系列的规章制度。学生管理的实践反过来又丰富了规章制度的内容，使之更全面化、科学化。

（2）学生管理与思想政治教育的关系。在强调管理工作重要意义的同时，不可忘记思想政治教育的重要保证作用。因为管理也是教育的一种手段，教育又能保证管理的推行和实施，所以只有把严格管理与思想政治教育有机结合起来，才能使学校工作真正走上井然有序的轨道。

第二节　高校学生管理的指导思想、原则与方法

一、指导思想

科学的管理对提高管理效率，优化教育质量具有十分重要的意义；科学的管理依赖于符合客观实际的、法制化的、人性化的管理规章制度，而这一切都离不开科学的管理思想。科学的学生管理思想分三个层次：一是作为认识理论的管理思想；二是作为管理应遵循的基本原则；三是在实际操作中所运用的具体方法。

（一）管理思想

所谓管理思想，是指“关于管理的观点、观念或理论体系，是管理理论和实践的结合在人们头脑中的反映”。管理思想对管理工作起指导作用，它随着人类社会及其管理活动的产生、发展而产生和演变。古代朴素的管理思想兴盛于中国、古巴比伦和印度等。公元前 18 世纪，古巴比伦《汉穆拉比法典》颁布的 282 条法律，体现了远古法规管理思想。中国在公元前 1100 多年，出现经营管理思想。后有历代的“人治”“法治”及“知人善任”等管理思想。19 世纪后，随着机器大生产的兴起，欧洲出现古典科学管理思想以及法约尔的管理原则与过程理论等。从 20 世纪 20 年代开始，出现了人际关系——行为管理思想。20 世纪 60 年代后，出现了诸多管理学派，管理思想纷繁，被喻为进入了管理理论的“丛林时期”。

高校学生管理属教育管理的范畴，其管理思想理应与教育管理思想同类，它必须要与思想理论联系起来，才能有自己的理论前提，所以它被称为是一个非常复杂的理论课题。从哲学的层面看，高校学生管理思想主要包括四个方面的内容。

1. 运用相互联系的管理思想

从宏观上来看，高校的学生管理是非常复杂的，高校与社会、家庭和时代是联系在一起的，大学生并不是孤立的个体，而是同社会有着千丝万缕的联系的。因此，高校的学生管理是同社会和家庭相联系的，影响着时代，同时也受时代或者说历史条件的限制。从微观上看，高校学生管理内部的各个组成因素之间也是相互影响和制约的，谁也离不开谁。例如，管理与教育之间的关系、管理与服务之间的关系、管理过程与管理结果之间的关系等，都是相互影响又相互制约的。

2. 运用动态平衡的管理思想

管理是一个过程，这一过程是在不断发展变化的，既受大的政治、经济和文化变化的影响，又受高校本身物力、财力及办学思路变化的影响。一切都在变化中，管理工作也处在不断的完善与发展之中。同时，作为管理对象的大学生和研究生的人格、思想、行为也在学生管理过程中得到逐步发展与完善。所以把动态平衡的管理思想运用于管理工作中，就要求我们着眼现实和未来，用发展的眼光看问题，不断与时俱进，不断研究和分析，不断解决层出不穷的问题。

3. 运用对立统一的管理思想

事物的发展都是对立统一的，矛盾是普遍存在的，高校学生管理工作同样也不例外。因此，我们需要运用对立统一的管理思想对这些问题和矛盾进行分析研究并最终予以解决。例如，管理者与管理对象之间的矛盾，教育、服务与管理之间的矛盾关系等。

4. 运用实践探索的管理思想

认识来源于实践，实践又是认识的试金石。所以，运用实践探索的管理思想来进行高校学生管理工作，意义深远。高校学生管理是一门操作性非常强的学科，我们在进行高校学生工作的时候，一定要有实践意识，要有探索创新的勇气。同时，应在实践中总结形成较成熟的经验并进行总结形成理论，进而继续对学生管理工作进行指导，如此反复，以推动我们的学生管理工作不断提升水平。

（二）指导思想的理论依据

研究我国高校学生管理工作，要注意以下几个方面：

（1）培养全面发展的“四有”（有理想、有道德、有纪律、有文化）青年，要坚持马克思主义的全面发展理论，这是我国人才培养的基本方针，也是高校的首要任务。做好研究工作首先要解决“为谁培养人”和“培养什么人”的问题，高校学生培养的首要任务就是为国家培养德智体美劳全面发展的人才。培养的人才要有扎实的理论功底，要用科学的思想武装头脑，要有健康的体魄，最重要的是要具有社会主义思想觉悟，即坚持中国共产党领导，维护国家的统一。要想培养出这样的人才就必须坚持马克思主义思想，以马克思主义思想为指导。高校要坚持用先进的马克思主义的全面发展的思想来培养人才，科学办学。人的全面发展学说是马克思主义教育的核心，而培养德智体美劳全面发展的“四有”青年是马克思主义教育基本方针，是马克思主义全面发展理论在教育领域的运用。培养合格的社会主义接班人是高校学生管理工作的首要目标和根本任务。

（2）在高校的学生管理工作中，我们要坚持对立统一的观点。我们要用马克思主义的辩证唯物主义的观点来指导实践，事物中普遍存在着矛盾，矛盾分为主次。我们要用马克思主义整体观来运筹帷幄。马克思主义的哲学是一切科学以及理论的基础，而马克思主义方法论和认识论在各个学科中的应用，也成为我们进行高校学生管理工作的工具理论指导。因此，马克思主义哲学广泛地渗透在了高校学生管理这一学科中。对立统一的观点认为，事物都分为整体和部分。从纵向上来看，高校的学生管理工作的整体就是学生管理，而其他关于学生的学习和生活等都属于学生管理的子系统，都是其中的一部分。整体决定部分，同时部分又影响着整体。每个子系统都有自己独特的功能，这些功能又组成了整体的功能，部分都是为整体服务的。从横向上来看，各个部分的协同协调发展，有效的分工和合作是形成整体一致性的基础。高校管理工作的各个部分之间的分工与合作同样也决定了高校学生管理的效率。

（3）在高校学生管理工作中，我们要广泛地使用高等教育及现代管理科学中的理论，用科学的理论来指导高校学生管理工作的实践，使其更加具有科学性。现代治校观念要求我们靠现代科学来管理学校，管理学生。

具体说来：一是遵循教育规律，也就是遵循教育的科学化。例如经济基础决定着上层建筑，经济基础也决定着教育的规模和水平。同时，教育也反作用于经济基础，因为教育的发展也可以促进经济的发展。高等教育的载体和平台就是高等院校，高等院校的人才和资源面临着越来越激烈的竞争，同时高等教育的体制亦面临着调整和革新。所以，高校要准确把握社会脉搏，直接面向市场办学。大学生管理也要研究新情况，解决新问题，面向 21 世纪培养高素质的复合型人才。二是高等院校学生管理要用科学的理论和方法，高等院校学生管理的制度以及管理队伍，都要科学和严密。高等院校学生的管理要分工合理、职责明确、奖惩分明、上下协调、工作高效等。运用现代管理科学的基本原理指导学生管理，如系统整体性原理、要素有用性原理、动态相关性原理、人的能动性原理、规律效应性原理、时空变化性原理、信息传递性原理、控制反馈性原理等。在管理实践中，我们要尽力做到管理的科学化、系统化、现代化和规范化。

（4）继承和发扬我国六十多年来高校学生管理的成功经验。六十多年来高校学生管理工作的成功经验是当今学生管理工作的宝贵财富。首先，社会主义大学必须坚持中国共产党的领导，坚持社会主义方向，这是我国高校一直以来坚持的办学方针和基本经验。社会主义大学办学的指导思想就是坚持中国共产党的路线、方针和政策；办学的主要目的就是使社会主义的大学沿着社会主义的方向，为社会主义服务。在办学的过程中要充分调动高校所有人员的积极性，为了培养德智体美全面发展的社会主义优秀人才而奋斗。我国的社会主义性质就决定了高校办学的社会主义方向，高校的一切工作都必须坚持党的路线、方针、政策去组织、实施。各项规章制度的制定都要有利于坚持“一个中心、两个基本点”，有利于调动广大师生员工的积极性，这是衡量高校社会性质、管理功能和效益的基础。其次，高校的管理工作要做到规范化、制度化，要沿着社会主义的办学方向，将实践检验过的比较成熟的经验发展成为科学化的理论，并用理论再次指导实践。如此反复，就会形成比较成熟的，具有科学性的管理理论、科学的教育体制等，从而使教育更加规范化。最后，理论要与实践相结合，我们要用理论联系实际的方法，为国家培养合格的人才。需求是发展的动力，社会主义高校所培养的人才必须符合社会主义建设的要求。高校培养的人才在思想上要具有社会主义觉悟以及共产主义精神，不仅学识要渊博，还要有为社会主义贡献终身的精神，此外，还有较强的分析问题的能力、解决问题的能力以及较强的独立思考的能力。

二、高校学生管理的原则与方法

原则是对客观规律的反映，是观察问题和处理问题的准绳。社会主义学校管理学的原则是学生管理的内在关系的规律性的反映，不是任何人随心所欲创造的。在学生管理工作中，管理原则处于承上启下的关键地位，是管理目标和实现管理目标的手段之间的中介，它是学生管理工作中管人处事所依循的法则，是采取有效手段进行管理活动的基本要求。

（一）高校学生管理的原则

社会主义大学学生管理基本原则是根据学生管理工作的目的、任务和培养学生成为社会主义合格人才的客观规律制定的，它制约和指导着其他个别和特殊原则。

1\. 学生管理工作方向性原则

管理工作必须要有方向性，也就是说要有一定的目标，因为管理活动是有目的的活动。社会主义方向，也就是管理工作的方向，这是我国学生管理工作的一个本质特点。我国是社会主义国家，自然要使高等院校成为社会主义性质的育人场所。社会主义性质决定了高校学生管理工作的性质，也决定着高校的一切管理工作。作为有目的、有方向的学生管理工作，高校的管理工作必须要坚持社会主义的方向，坚持共产党的领导，为社会主义现代化建设培养造就大批合格人才，这是高校学生管理工作必须遵循的一条最基本、最重要的原则。

2. 理论与实践相结合的原则

理论与实践相结合，坚持实践是检验真理的标准，这是马克思主义的基本原理，也是高校学生管理的基本原则。准确领会和掌握马克思主义相关科学及各种管理原理，从而把握它们的精神实质，是搞好学生管理工作的前提。但是，管理原理的应用价值和范围，是受不同学校、不同管理对象和管理者水平等因素制约的。在不同的发展时期和发展阶段，社会主义国家的教育方针会针对当时的特点而制定不同的政策和要求，应当体现在各高校学生管理的具体措施、方法之中。科学的学生管理必须从本地区、本学校、本专业、本年级学生的具体情况出发，从学生的素质、兴趣、爱好和青年的生理、心理特点等出发，制定出相应的方法和措施。

3. 行政管理与思想教育相结合的原则

要想在高校的学生管理中培养学生的思想品德，除了必要的说理教育，还要在日常进行对学生的行为训练。只有将学校的说理教育变为学生的行为习惯，才能巩固学校的教育效果，培养学生为社会主义服务信念和共产主义精神。在对学生行为习惯的训练中，我们要有科学合理的规章制度以及行为规范，教导促使学生的行为习惯以及思想政治教育都体现在这些规章制度和规范之中。行政管理在对学生进行教育、为国家培养人才的过程中有着不可忽视的作用，它是进行正常合理教育的基础，是教育的规范准则和保证。在行政管理指导下的学校的规章制度是对学生进行科学指导以及行为规范的基础。学校的行政管理其实也是社会主义教育方针在学校管理中的体现。它既是社会主义对大学生的要求，同时也是大学生行为的外在限制。单纯地用管理制度去教育学生，规范学生的行为是不现实的，是脱离实际的。我国高校对学生管理方面的规章制度的制定，必须要遵守客观规律，要以学生的认知能力为基础，培养学生自觉遵守校纪校规的能力，只有这样才能真正实现高校学生管理的效能。

4. 民主管理原则

我国高校的学生管理工作其实是培养学生的自主性、自我控制能力以及自觉遵守校纪校规的能力，通过激发学生内在的积极性来达成高校学生管理的效能。高校在进行管理的时候，必须要坚持的原则就是民主原则，这符合社会主义国家的民主集中制原则。从学生的心理方面来讲，学生在自我认识方面是不断发展的，不断增强对自我的认知，他们更希望受到外界的尊重和理解。因此，对于学校的规定和纪律，现在的大学生管理者要考虑其合理性。只有合理，民主的规定和纪律才会得到他们的尊重和遵守，也会积极地参与其中。因此，充分地调动学生的管理积极性是进行民主的学生管理的方式之一。

（二）高校学生管理的方法

高校学生管理的方法是根据其管理原则，为实现大学生培养目标，在德、智、体及其他方面所采取的具体方式、步骤、途径和手段。一般有以下几种方法。

1. 调查研究

对学生的情况，要经常调查、了解、掌握，及时采取相应的措施处理。调查研究时要对调查对象、目的、方法作认真规划，不能临时应付，草率从事。

调查中应不带框框，坚持实事求是。不能以上级单位或某人的指示、意见为结论，到下面寻找材料佐证。除了基本的调查之外，我们还要运用马克思主义哲学的观点、方法论来分析材料，研究材料，进而对实践进行综合的研究。

2. 建立规章制度

在大学进行学生管理的根本途径之一，就是要在实践中逐步建立起一整套的规章制度。这些规章制度的制定，首先，要符合大学生身心发展的规律；其次，要符合学校发展的规律和教育的规律；最后，要符合大学对于培养德智体美全面发展人才的目标。学校的规章制度要与时俱进，不断地发展进步，不断地创新，同时也要保持一定的稳定性。

3. 实施行政权限

按照学生管理的目标和内容制定一系列规章制度、执行措施以及学生行为规范，用行政方法进行管理，并通过相应的管理部门及其人员和师生员工实施检查监督，从而使学生集体或个人的活动达到管理的目标要求。行政方法包含褒扬和惩治两个方面。对遵守管理制度、行为符合规范的集体和个人，要进行表扬和奖励；对违反制度的集体和个人，要进行惩罚，并用严格的制度约束其中特别恶劣者。

4. 适当运用经济的手段

经济手段是行政方法的补充。在学生管理活动中，对学生进行物质奖励，例如实行奖学金制度等就是经济的手段。运用经济的手段，并不证明行政手段不足。它是一种辅助的措施，关乎学生的物质利益，它起的作用是行政难以替代的。用经济手段进行学生管理时，要注意防止一种倾向，即只重视用经济手段去奖惩，而忽视日常的教育和引导，忽视行政管理的作用。同样不能只重视用经济手段奖励优秀学生，而忽视用同样手段处罚违纪学生，或者只重视处罚而忽视奖励，导致不能发挥经济手段的作用。

第三节　高校学生管理的对象、基本任务和研究方法

高校的管理系统中最重要的一部分就是高校的学生管理，它对高校的改革具有极其重要的作用。把高校学生管理作为一门科学进行分析和研究，探讨高校学生管理工作的发展规律，对于促进高校学生管理工作更加的科学化、法制化和人性化有重要的意义。探讨高校学生管理工作，对于高校从传统化向现代化、从行政本位向着科学型和现代型的转变和改革有非常重要的推动作用。运用科学的高校学生管理方法，为国家培养合格的社会主义接班人和建设者是我们所要面临的重要课题。

一、高校学生管理的对象和基本任务

（一）高校学生管理的对象

所谓管理对象是指“管理活动的承受者”。随着人类认识的深化和管理的科学化、复杂化，不同时期、不同学派对管理持有不同的见解。一是指管理活动所作用的各种具体对象。最初是人、财、物三要素，后增加了时间、空间，成为五要素，又增加了信息、事件，成为七要素。二是指管理活动所作用的特定系统，即把管理对象作为由多种因素组成的有机整体，系统与外界环境有信息、能量、物质交流。高校学生管理作为高等学校管理工作的重要组成部分，其相对应的工作对象无疑是特定的高校学生群体。从广义角度来看，这些学生应包括所有在高校求学的学生，即专科生、本科生、硕士生、博士生等，因为这些人都是高校学生管理活动的承受者。高校学生管理牵涉到诸多知识体系，包括管理学、教育学、青年心理学、政治学、人才学等，因此，作为一门应用性很强的高校学生管理学科，它具有综合性和政策性的特点。它的研究对象是学生管理工作本质内在的联系和规律，这个研究对象是很独特的。对于社会主义的中国来说，学生管理科学是以马克思主义、毛泽东思想、邓小平理论和“三个代表”重要思想与科学发展观理论为指导，以党的路线、方针和政策为依据，建立在教育科学、管理科学、青年生理心理学等基本理论和丰富的学生管理工作经验的基础之上，研究学生管理的对象、任务、原则、内容、方法和规律的

一门科学。

学校管理工作的一个重要方面就是高校的学生管理工作，它同其他工作一样，都是有其独特的研究对象和服务对象的，在研究的过程中，它是受着国家的教育方针和政策以及学校的规章制度制约的。所以说，它既有其独立性，又在制度的制约之下。在进行高校学生管理工作的研究时，要把它与其他工作联系起来，但是也要注意到它的差异性。只有这样，才能真正揭示高校学生管理工作的规律以及特点，使之成为一门具有特性且有成效的管理学科。

作为一门管理工作，一般而言，总要有相应的学科知识成为其所依循的工作方针，而一门学科的成立必须具备一个至关重要的条件，也就是说要有一套系统的范畴体系。这个体系既包含了所要研究的内容，又包含了研究的角度和原则，同时也包含了其间的相互关系。我们以为，高校学生管理工作要研究的内容应涵盖以下几个方面。

（1）学科理论的研究。学科理论包括高校学生管理科学的性质、理论基础、研究对象和领域、主要研究任务、学科的地位和作用，以及高校学生管理的指导思想和原则；还包括如何对历史的经验进行抽象和概括以纳入理论体系之中，如何移植、融合相关学科的理论，不断丰富、完善和发展高等学校学生管理科学等。

（2）方法论的研究。研究高校学生管理科学的方法论，一方面要研究根本的思想方法；另一方面还要研究具体的管理方法，如思想政治教育管理、大学生社区管理、教学与学籍管理、实践管理、社团管理、校园文化管理（含网络管理）、奖惩制度管理、社会心理健康与咨询管理、就业管理、学生党员管理与党建管理、学生干部队伍的管理、学生群体性突发事件的应急管理等。

（3）组织学的研究。高校学生管理是一项系统工程，对高校学生管理的组织领导体制、学生管理队伍的建设、学生管理的现代化趋势等，都必须作更为深入、全面的探讨。

（4）学生成长规律、心理生理特点与管理工作的有机联系研究，青年群体之间相互作用关系与高校学生管理工作的互动共生研究。

（二）高校学生管理的基本任务

高校学生管理工作的基本任务，不仅包括研究学生管理学的相关体系，即研究高校学生管理工作与活动的知识系统理论，更重要的是这种研究必须着眼于寻求解决学生管理工作本身所蕴含的特殊矛盾的方法，领悟和把握学生管理工作的运行规律，以更好地运用于学生管理工作的实践之中，有力地推动高校学生管理工作。概括起来，高校学生管理工作的主要任务如下：

（1）坚持马克思主义关于人的全面发展的理论和党的教育方针，贯彻党的基本路线，以马克思列宁主义、毛泽东思想、邓小平理论、“三个代表”重要思想、科学发展观及习近平新时代中国特色社会主义思想为指导，以马克思主义哲学原理为方法论，认真贯彻落实新的《普通高等学校学生管理规定》，遵循党的教育方针和学校的培养目标，为培养全面发展的高素质的人才服务。

（2）系统总结我国高校学生管理工作的经验和教训。学生管理是一种既古老又年轻的社会工作，它伴随学校的产生而产生，有着悠久的历史传统和崭新的时代内容。中国共产党早在初创时期就在大中学校开展学生工作，有九十多年学生管理工作的历史，积累了丰富的经验。从创办湖南自修大学、平民女学、农民运动讲习所，到开办红军大学、抗日军政大学到新中国成立后各级各类学校的建立，其间有众多的经验需要总结，也存在一些教训需要吸取。新中国成立以后，我国的学生管理工作也有着许多值得认真研究的理论知识与实践特色，从解放初期到“文革”时期，从改革开放到全面建设小康社会，每一个时期都有不同的学生管理工作理论基点和实践探索，这些都是值得我们从事学生管理工作的同志认真学习、探讨、分析和思索的。

（3）批判地继承历史上高校学生管理工作遗产，借鉴国外学生管理工作的经验，吸纳教育学、社会学、政治学、青年心理学、系统管理学、文化学等相关学科的知识理论，构建具有中国特色、符合时代精神的高校学生管理模式。中国是一个历史悠久的文明古国，几千年来，我们的祖先在学生教育和管理中积累了丰富的经验，这是宝贵的历史文化遗产，应当批判地继承，做到古为今用。我们还应大胆借鉴国外高校的学生管理经验，去粗取精、去伪存真、融会提炼、博采众长，做到洋为中用。这样才能构建起具有中国特色的高校学生管理的理论体系，并以此指导我们的实践，形成高效的、有益于大学生身心健康成长和成才的学生管理模式。

（4）加强科学研究，注重实践探索，不断发展高校学生管理工作的理论体系，推动高校学生管理工作健康运行。尽管学生管理工作有着丰富宝贵的实践经验和悠久的历史传统。但就总体情况而言，它与不断发展的中国特色社会主义的形势和发展趋势还存在着某些不适应，还面临着许多亟待解决的问题，无论是从理论要求上，还是从实践需求上，都需要科学化、理论化、法制化、人性化等诸方面的规范。因此，作为学生管理工作者，必须加强学生管理工作的科学研究，大胆探索，不断创新，切实把握学生管理面临的新问题、新内容和新特点，努力用新方法、新思路和新手段去适应学生管理的新规律和新形势，使学生管理的理论与方式与时俱进，不断丰富和完善。

（5）以理论创新推动实践创新，促进学生工作的科学化、法制化和人本化。虽然高校有办学的自主权，可以根据自身的特点制定符合本校实际的学生管理制度与规定，但这些规定不应与国家的法律法规相悖，不能违背大学生的成长规律，不能违背人性特点，不能违背社会主义办学方向与学生全面发展的最高宗旨。如何体现其管理制度的科学化、法制化和人本化，就有一个理论研究的问题，不仅需要研究法律与青年学的相关理论，还需要研究管理学方面的理论，同时更应注重将管理学、法律学、青年学有机结合起来，形成理论上的创新，推动实践创新。因为，大学生的管理不是一般的管理，而是一种对青年的管理，是要将有着一定知识的青年培养成德智体美全面发展的人才的管理，换言之，这种管理的最高宗旨是要促进学生全面发展，使其成为国家的建设者和接班人。这就使学生管理工作牵涉到一系列的理论研究与实践探索，这就是现实交给学生管理工作者的光荣而艰巨的任务。

二、高校学生管理的研究方法

高校学生管理的研究方法，要以马克思主义、毛泽东思想、邓小平理论、“三个代表”重要思想和科学发展观为理论指导，并结合办学育人的实践。

在具体实践中，可从以下几个方面研究高校学生管理。

（一）联系的方法

既要注意高校内部的管理问题，又要注意高校外部的管理问题；既要研究宏观管理的现象，又要探寻微观管理的规律。

（二）调查研究的方法

高校学生管理重在搜集原始数据，汇集感性经验，通过定量与定性的科学分析研究，提高理论认识，使对高校学生管理研究的成果具有实际的数据支撑和理论支持。调查研究的方法主要有网络调查、抽样调查、问卷调查和随机谈话调查等。

（三）比较研究的方法

此方法主要通过系统研究古今中外学生管理的历史沿革、实践经验和理论见解，进行纵向和横向的比较，发现政治、经济、文化及时代精神对高校学生管理的影响，从中发现其规律，并使之提升为理论，用于指导现在的高校学生管理。古为今用、洋为中用、与时俱进、推陈出新，是实现高校学生管理制度的创新。

（四）实践的方法

要有大胆试验，有“摸着石头过河”的勇气，在“实践、认识、再实践、再认识”的循序往复中逐渐掌握高校学生管理的规律，实现从必然王国向自由王国的转化。

（五）个案研究的方法

所谓个案研究方法，又称“解剖麻雀法”，是通过对某一被试验的管理工作进行纵向的、长时间的连续观察和实验，从而研究其管理行为产生的结果以及发展变化的全过程，总结具有规律性的特点的方法。

（六）对立统一的方法

此方法应注意管理与教育、管理与放松、管理者与被管理者之间的复杂关系。

高校学生管理的研究方法不限于此，上述管理方法仅仅是其中几种重要的研究方法。当然，每一种研究方法都有其特点、优势与不足之处。在研究高校学生管理工作时，管理者应根据时代精神、管理对象变化状况、办学思路的变化、具体地区与当时形势的差别，对不同的研究方法进行选择，有时可侧重其中几个方面的方法，有时可同时采用多种研究方法，不必拘泥于形式，要重视效果。

第四节　高校学生管理的权利和义务

一、高校学生管理权

高校学生管理权是自主权的集中体现，高校学生管理权是高校为了实现高等教育的目的，依法作为权利主体，合理利用资源进行学生教育管理活动的权力。高校学生管理权随着高等教育产生，是政府权力下放和高校自身发展需要的产物。近年来，我国已制定了大量教育类法律法规和部门规章，如《教育法》《事业单位登记管理暂行条例》《普通高等学校学生管理规定》等，为高校依法办学、依法管理提供了法律依据。

（一）权利的类型

高校学生教育管理工作是一项复杂长期的工作，涉及很多方面的内容。这里所说的高校对学生的管理是指从学生入学报到至毕业离校手续办结期间，高校对在校生的管理，包括学籍管理和日常管理等方面。

高等教育的公共性原则要求高等学校管理权内容的完整性。我国的相关法律对此有相关的规定，教育活动生存的条件首先是要符合我国的最高利益。这样的办学原则就要求教育机构都以促进学生身心发展和教育事业发展为主要目的。教育要符合社会的公共利益，要对国家、社会和人民公共利益负责，保证教育制度的正常运转。据此，高等学校的管理权为保证符合公共利益的目的，就必须内容全面，不应当存在残缺，因为可能存在的残缺就意味着此方面的公共利益无法全面实现。

1. 教育行政许可权

教育行政许可权是高校作为法律授权组织享有的，对在授权范围内的教育行政事务进行鉴别，依法给予许可、审批、确认的权力。学历学位授予权在这里主要是当学生提出相应的申请之后，学校经过一系列的审核与检查并通过相应的材料证明学生可以获得学位证时，学校予以批准，这是高校教育行政许可权的主要内容。赋予学生学位是高等学校的法定职责，在我国的相关条例中还明确规定了学生学位授予权方式由国家授权并指派。

《教育法》第 21 条第 2 款对颁发证书有着明确的规定，是在国家承认的基础上不管是学校还是教育机构都可以在遵循国家相关条例的前提下颁发相关的证书。这也意味着，这些学校或者是机构必须是国家认可的。在现行法律规定下，颁发毕业证书、学位证书应当属教育行政管理的范畴，受教育者对此有异议的，可以提起行政诉讼。颁发证书的机构是法律法规授权的学校和教育机构，同时颁发的条件和程序要严格按照法律和行政法规行使，比如《学位条例暂行实施办法》《研究生学籍管理规定》等。

另外，该项行政权力的行使属于教育行政管理部门的单方行为。要想取得学业证书，学生所要做的就是尽量满足取得学位所必须的条件。需要注意的是，硕士学位、博士学位需要提交申请书及学术论文，经学位授予单位审查，决定是否同意申请。硕士学位、博士学位虽需要申请，但毕业证和学位证的颁发，由教育行政部门及授权机构根据法律法规的规定单方面决定，无须征求相对人的意见，更不能与相对人协商。

2. 办学自主权

在没有法律法规授权的情况下，教育行政机关不能够随意采用审批、审核、确认、核准等实质许可的方式干涉学校的办学自主权。《高等教育法》第11条规定，高等学校应当面向社会，依法自主办学，实行民主管理。从这一条规定中我们可以清楚地看到，高等教育是具有办学自主权的。这里所说的办学自主权，实际上就是指高校在办学过程中，为了更好地管理学校，实现其教学目的而进行的对学校合理的管理。按照《高等教育法》中的相关规定，高等学校的办学自主权主要包含以下几个方面的内容。

（1）教学权。教学权，习惯上也称之为教育教学活动实施权。

一般来说，高等学校可以自主地根据本校的培养目标、任务以及不同专业和师生的特点来实施具有本校特色的教学。高等教育是规模性教育，之所以这么说，是因为在授课的过程中，教师并不能对学生进行一一指导。因此，为保证每个学生最大限度地从高等教育中受益，必须保证高校教学秩序有序稳定。

《教育法》中明确规定，学校有组织实施教育教学活动的权利，其中第34条对此项权利的内容作了明确规定。此种权利的表现形式为学校的正常教学教育管理应有序进行，不应当受到外界因素扰乱。《教育法》第28条第1款第8项的规定也体现了对这一权利的保障，即学校有权拒绝任何组织和个人对教育教学活动的非法干涉。

（2）招生权。在《教育法》第28条第1款第3项中对学校的招生权作了广义的规定，简单来说就是学校有招收学生及其他受教育者的权利。《高等教育法》第32条则对高等学校招生权的内容做了明确的规定：学校在对学生进行招收的过程中，需要根据专业特点对所招学生设置特殊规定的条件；在国家规定允许的范围内自主决定学生的收费标准等。需说明的是，这种招生权是一种有限的行政处分权，受国家普通高校全国统一招生考试政策的制约。

（3）内部教师聘请、机构设置权。高等学校有权根据自己的教学任务、培养目标和教育教学的需要，本着精简效能的原则，自主设立、调整学校内部的机构设置和人员配备；有权根据教师和其他专业技术人员的表现，对他们进行评定和聘任，并且按照国家有关规定，以按劳分配、多劳多得为原则，调整教师和其他员工的津贴和工资。

（4）设置调整学科专业权。高等学校根据国家经济和社会发展需要，遵循教育规律，以提高教育教学质量和办学效益为目的，在国家颁布的学科、专业目录内合理选择，设置或者调整本校的学科、专业，使学科和专业的设置更加体现效能的原则，符合时代的需要。

（5）开展科学研究权。每所学校都有其一定的优势，都有其擅长研究的领域，这就像每个人都有自己的独特的天赋，有的人天生就唱歌好听，并且喜欢唱歌，而有的人天生对数字就比较敏感，任何人说一组数字他都能记得非常清楚。学校的研究领域也是这样的，一个学校不可能对每个领域都样样精通，而应有自己独特发展的方向，高校要充分利用自己独特的优势条件展开相应的科学研究，从而鼓励更多的人投入到研究中。

（6）财产管理与使用权。高等学校对举办者提供的财产、国家财政性资助、受捐赠财产依法自主管理和使用，但不得将用于教学和科学研究活动的财产挪作他用，否则将承担相应的法律责任。

《教育法》相关条例中明确规定，学校及其他教育机构可以按照章程自主管理。高校自主管理权是高校在法律上享有的、为实现其办学宗旨，独立自主地进行教学管理活动的资格和能力。

另外，《高等教育法》第37条规定，高等学校根据实际需要和精简效能的原则，自主确定教学、科学研究、行政职能部门等内部组织机构的设置和人员配备；按照国家有关规定，评聘教师和其他专业技术人员的职务，调整津贴及工资分配。

《高等教育法》第38条第1款规定，高等学校对举办者提供的财产、国家财政性资助、受捐赠财产依法自主管理和使用。

（7）开展对外文化交流权。高等学校按照国家有关规定，自主开展与境外高等学校之间的科学技术文化交流与合作。这可以使我国的高等学校学习和借鉴外国先进经验，吸引国外资金和优秀文化成果，提高我国高等学校的办学水平。

3. 制定校内规章制度的权利

高校为了实现教育管理目的而享有依法自行制定相关规范性文件的权利。《教育法》第28条规定，学校有权按照章程自主管理，这里所说的章程，不仅包括相关教育法律法规，也包括学校自行订立的各项制度。高校规范性文件的制定过程中适用“法律保留”原则，不得与宪法和法律相抵触，不能逾越法律法规的授权。

《高等教育法》第53条第1款规定：“高等学校的学生应当遵守法律、法规，遵守学生行为规范和学校的各项管理制度。”此项法律条款也确定了高校自定管理制度在高校范围内的法律有效性。

4. 学生惩戒权

高校的学生惩戒权分为两部分：一部分是国家授权的惩戒权，此部分惩戒权要接受行政监督；另一部分是高校自行设定的处罚权，属于高校自由裁量权的范畴。《普通高等学校学生管理规定》对于学校的处分权作出了明确的规定。高等学校在制定自身规章制度时，对于学生处分的章节部分必须严格遵循《普通高等学校学生管理规定》的内容，不能擅自扩大或缩小处分范围。该规定第 52 条指出，对有违法、违规、违纪行为的学生，学校应当给予批评教育或者纪律处分。学校给予学生的纪律处分，应当与学生违法、违规、违纪行为的性质和过错的严重程度相适应。

《普通高等学校学生管理规定》第 17 条规定，学生不能按时参加教育教学计划规定的活动，应当事先请假并获得批准。未经批准而缺席者，根据学校有关规定给予批评教育，情节严重的给予纪律处分。

《普通高等学校学生管理规定》中第 54 条规定，对于学校给予学生开除学籍处分的做出条件进行了严格的界定，学生只有出现如下行为，才可被开除学籍。

（1）违反治安管理规定受到处罚，性质恶劣的。

（2）违反学校规定，严重影响学校教育教学秩序、生活秩序以及公共场所管理秩序，侵害其他个人、组织合法权益，造成严重后果的。

（3）违反宪法，反对四项基本原则，破坏安定团结，扰乱社会秩序的。

（4）剽窃、抄袭他人研究成果，情节严重的。

（5）屡次违反学校规定受到纪律处分，经教育不改的。

（6）触犯国家法律，构成刑事犯罪的。

（7）由他人代替考试、替他人参加考试、组织作弊、使用通信设备作弊及其他作弊行为严重的。

5. 学籍管理权

学籍管理权是保证高校教学活动顺利开展不可或缺的制度性规范。《教育法》第 28 条第 1 款第 4 项规定，学校对受教育者进行学籍管理，实施奖励或者处分。《普通高等学校学生管理规定》用大量篇幅对于高等学校的学籍管理权做出了详细的规定，其第 52 条规定，对有违法、违规、违纪行为的学生，学校可视其情节轻重给予批评教育或纪律处分。学校对学生可做出以下五种处分形式，包括警告、严重警告、记过、留校察看、开除学籍。依据该规定，高校有权自主确定学生学习年限、自主决定学生调整专业；对考试作弊者满足规定条件可以开除学籍。第 14 条规定，学生学期或者学年所修课程或者应修学分数以及升级、跳级、留级、降级、重修等要求，由学校规定。第 16 条规定，学生严重违反考核纪律或者作弊的，该课程考核成绩记为无效，并由学校视其违纪或者作弊情节，给予批评教育和相应的纪律处分。给予警告、严重警告、记过及留校察看处分的学生，经教育表现较好，在毕业前对该课程可以给予补考或者重修机会。

6. 校园秩序管理

《高等学校校园秩序管理若干规定》第 3 条第 2 款规定：“学校应当

加强校园管理，采取措施，及时有效地预防和制止校园内的违反法律、法规、校规的活动。”校园秩序管理权涵盖校园进出许可、新闻报道、公寓管理、校内文化活动管理、校内政治活动管理、校内团体管理、校内经商管理等多方面内容。

《高等学校校园秩序管理若干规定》第 5 条至第 17 条对以上各方面学校所拥有的管理权利作出了详细规定，并在第 18 条第 1 款规定了学生妨碍学校行使相关权利时的处理措施，即“对违反本规定，经过劝告、制止仍不改正的师生员工，学校可视情节给予行政处分或者纪律处分；属于违反治安管理行为的，由公安机关依法处理；情节严重构成犯罪的，由司法机关处理。”因校园秩序管理权涉及学生在校学习生活的方方面面，高校在行使校园秩序管理权的过程中，若无充分考虑，必然要对学生各项权利产生一定的影响，甚至可能侵犯学生民事权利，产生高校与学生的民事法律纠纷。

《高等教育法》第 57 条规定，高等学校应当对学生的社会服务和勤工助学活动给予鼓励和支持，并进行引导和管理。该规定既赋予了高等学校对学生社会服务和勤工助学活动进行管理的权利，也规定了学校必须保证将这项工作引导和管理好的义务。

（二）权利的来源

高校学生教育管理权的来源于三个方面，法律法规授权是高校学生管理权的主要来源。《高等教育法》第 18 条第 1 款规定，“高等教育由高等学校和其他高等教育机构实施”，这也表明高校学生管理权是国家教育权的重要组成部分，高等学校以被授权人的身份来实施此项权利，高校学生管理权中的颁发学位权、学籍管理权、对学生奖励处分权都是法律法规授权取得的行政管理职权。

上级主管部门委托产生是部分高校学生管理权的来源。行使此类权利时，高校作为被上级主管行政机关委托的权利主体，行使一定的学生管理职权。行使此项职权时，高校不能以自身名义行使，也不能以自身名义承担责任。例如，部分公安机关赋予高等学校公安处行使的以学校及周边地域为管辖范围的部分公共安全管理职能，就属于此类权利范畴。高校学生管理权中来源于上级机关委托的部分，不能超越上级机关委托范围。

基于高校公共服务性而获得的公共管理权是高校学生管理权的补充来源。高等学校是公共事业单位法人，在学校范围内实施高等教育公共服务，具有很强的公益性。为实现高校的公益性目的，高校需要享有部分法律法规授权外的权利，即特定情况下的办学自主权，来对高校这一特殊的公共场所进行管理。由于法律自身限制，法规不能够将高校所应具有的各项管理权利一一列出。在授权之外，高校教育管理学生所必需的各项权利都属于公共管理权范畴，此种权利往往在高校内部管理规定中加以明确。

二、高校学生管理的义务

（一）依法承担相应民事责任

作为独立的事业单位法人主体，高等学校独立承担民事责任。《高等教育法》第30条规定，高等学校自批准设立之日起取得法人资格。高等学校的校长为高等学校的法定代表人。高等学校在民事活动中依法享有民事权利，承担民事责任。高等学校所承担的民事义务具体包括财产合理使用义务、赔偿和救助义务、违约责任义务。

1. 财产合理使用义务

高等学校有按照规定使用经费的义务。《高等教育法》第64条规定，高等学校收取的学费应当按照国家有关规定管理和使用，其他任何组织和个人不得挪用。根据《事业单位登记管理暂行条例》第15条规定，事业单位开展活动，按照国家有关规定取得的合法收入，必须用于符合其宗旨和业务范围的活动。事业单位接受捐赠、资助，必须符合事业单位的宗旨和业务范围，必须根据与捐赠人、资助人约定的期限、方式和合法用途使用。

据此，高等学校开展各项活动，按照国家有关规定取得的合法收入，必须用于符合办学宗旨和业务范围的活动。高等学校接受的校友及社会捐赠、资助，必须符合高等学校的宗旨和业务范围，必须根据与捐赠人、资助人约定的期限、方式和合法用途使用。而根据《事业单位登记管理暂行条例》第16条规定，事业单位必须执行国家有关财务、价格等管理制度，接受财税、审计部门的监督。

2. 赔偿和救助义务

在高校学生伤害案件一般应用过错原则和公平原则。在划定高校赔偿责任时，如因高校在教学、管理中的过错引起的学生伤亡，属于高校责任的，高校需要承担相应的民事赔偿责任；如果高等学校在学生伤害事故中没有出现过错，就不需要承担损害赔偿责任。在司法实践中，高等学校往往在自身无过错的前提下，给予学生一定的经济帮助，但此种行为不属于高校义务范畴。

3. 违约责任义务

高等学校作为独立的法人主体，有自己的财产，可以以自己的名义对外承担法律责任。高校可以与其他社会主体签订民事合同，在这个过程中双方具有平等的民事主体地位，高等学校如不能严格履行合同规定的条款，需承担违约责任。

（二）程序正当

高校自身教育管理工作有着自身的程序规则，要求高校教育管理部门必须依据法律法规制定高校的教育管理规章制度，并严格依照程序实施这些制度。高等学校的程序正当义务，应包含以下几个方面的内容。

1. 执行程序正当

制度的执行必须严格遵照程序进行。制定程序正当与执行程序正当的关系相辅相成，制定程序正当是执行程序正当的前提条件，而执行程序正当是制定程序正当的实现途径。

2. 权限法定

高校应当在自身授权范围内对学生进行教育管理，不能超出权限边界。

3. 制定程序正当

高校制定制度的程序自身必须合理、公正、科学。

4. 平等

学校在教育管理过程中应公正的对待每一位学生，不因学生的家庭出身等因素对学生产生歧视行为，不偏袒、不徇私。

5. 公正

高等学校应秉公处理涉及学生利益的各种事项，处理手段和结果应当适度，不应过重或过轻。

6. 遵循时效

高校做出的教育管理举措应当及时在法定时效内实施，避免超出时效；对学生做出处罚时应遵守程序公正的义务。《普通高等学校学生管理规定》第55条规定，学校对学生的处分，应当做到程序正当、证据充分、依据明确、定性准确、处分适当。第56条规定，学校在对学生做出处分决定之前，应当听取学生或者其代理人的陈述和申辩。第57条规定，学校对学生做出开除学籍处分决定，应当由校长会议研究决定。第58条规定，学校对学生做出处分，应当出具处分决定书，送交本人。开除学籍的处分决定书报学校所在地省级教育行政部门备案。第59条规定，学校对学生做出的处分决定书应当包括处分和处分事实、理由及依据，并告知学生可以提出申诉及申诉的期限。第60条规定，学校应当成立学生申诉处理委员会，受理学生对取消入学资格、退学处理或者违规、违纪处分的申诉。学生申诉处理委员会应当由学校负责人、职能部门负责人、教师代表、学生代表组成。

严格依照程序进行学籍管理和维护的义务。《普通高等学校学生管理规定》第35条规定，学校应当严格按照招生时确定的办学类型和学习形式，填写、颁发学历证书、学位证书。第36条规定，学校应当执行高等教育学历证书电子注册管理制度，每年将颁发的毕（结）业证书信息报所在地省级教育行政部门注册，并由省级教育行政部门报国务院教育行政部门备案。

（三）保证教育教学质量

高校是履行教育职能的事业单位，有履行教育职能的义务。高等学校应培养学生具备相应知识和能力，不同学历层次的学生需要达到国家规定的专业标准。

对于学生应具备的专业标准，《高等教育法》第16条第2款作了详细的规定，即专科教育应当使学生掌握本专业必备的基础理论、专业知识，具有从事本专业实际工作的基本技能和初步能力；本科教育应当使学生比较系统地掌握本学科、专业必需的基础理论、基本知识，掌握本专业必要的基本技能、方法和相关知识，具有从事本专业实际工作和研究工作的初步能力；硕士研究生教育应当使学生掌握本学科坚实的基础理论、系统的专业知识，掌握相应的技能、方法和相关知识，具有从事本专业实际工作和科学研究工作的能力；博士研究生教育应当使学生掌握本学科坚实宽广的基础理论、系统深入的专业知识、相应的技能和方法，具有独立从事本学科创造性科学研究工作和实际工作的能力。

高等学校应通过实施教学质量管理体系来确保教学质量。教学质量管理体系的参与者为学生的利益相关者，包括教师、学生、家长、学校和政府。教学质量管理体系一般包括教学管理责任制、管理系统的教学资源、教学信息输入输出系统、教学质量检查、教学系统分析和改进系统。其中，教学管理责任制包括质量方针和目标、教学质量管理机构的代表人员、教学管理和教学管理评审等。

教学资源管理系统包括教师的吸收和推广、研究和培训、绩效考核、教学设施设备的采购和使用管理、图书馆的图书的数量和类型等；教学信息输入系统包括教学计划、登记和注册，教材使用等；教学过程系统包括教师的教学和学生的学习、研究和发展历程、科学研究、课堂管理等；教学输出系统包括教育和就业；教学质量监控、分析和改进的系统包括听课、教学评估、教材统计技能、调整和校正方法等。

大学是学生接受高等教育的殿堂，其目标是培养高质量、能够适应社会需求的综合性和专门性人才，从而对整个社会的发展发挥重要的作用。

教学质量是判断高等学校培养学生是否合格的第一标准，也是学生评价学校的主要标准。学校有责任、有义务通过对教学质量监督和控制来不断提高教学质量。

（四）接收符合条件的学生入学

根据《高等教育法》第 9 条第 1 款规定，公民依法享有接受高等教育的权利，也可以理解为高等学校有接收符合法定条件的公民进行高等教育的义务。第 9 条第 3 款规定，高等学校必须招收符合国家规定的录取标准的残疾学生入学，不得因其残疾而拒绝招收。

（五）有序开展日常学生管理工作

学生日常教育管理工作是高等学校接触学生最为密切的工作。学生日常教育管理工作具体包括学生日常教育管理、毕业生工作、心理健康教育、就业服务工作。学生日常教育管理工作的任何一方面出现问题，都会对学校全局产生不利影响。

高等学校在学生日常教育管理中的义务包括以下几个方面的内容。

（1）鼓励学生参加社会实践的义务。《普通高等学校学生管理规定》第 46 条第 1 款规定，学校应当鼓励、支持和指导学生参加社会实践、社会服务和开展勤工助学活动，并根据实际情况给予必要帮助。

（2）建立健全宿管制度的义务。《普通高等学校学生管理规定》第 49 条规定，学校应当建立健全学生住宿管理制度。学生应当遵守学校关于学生住宿管理的规定。

（3）信息公开的义务，除涉及国家机密、学生隐私的信息外，学校教育管理信息均应当向学生及社会公开，学生教育管理各项举措的制定和实施过程均应当公开、透明。

（4）对于学生不合理、不合法行为劝阻的义务。《普通高等学校学生管理规定》第 47 条规定，学生举行大型集会、游行、示威等活动，应当按法律程序和有关规定获得批准。对未获批准的，学校应当依法劝阻或者制止。

（5）学生资格审核的义务。《普通高等学校学生管理规定》第 8 条规定，新生入学后，学校在三个月内按照国家招生规定对其进行复查。复查合格者予以注册，取得学籍。复查不合格者，由学校区别情况，予以处理，直至取消入学资格。凡属弄虚作假、徇私舞弊取得学籍者，一经查实，学校应当取消其学籍。情节恶劣的，应当请有关部门查究。

（六）合法合理制定校内制度

高等学校制定的各项规章制度需要遵循法律优先、法律保留的原则。法律优先原则一直是中国法律界公认的必须遵循的基本原则。尽管高校有着办学自主权，有着自身的办学宗旨和教育方式，但这些因素都不能成为高校规避法律的原因。高等教育的自由裁量权也是由法律所赋予的，高校的各种行为必须接受法律的监督。

高等学校应该坚持法律优先的原则，法律优先要求高校在制定和完善自己的规章制度时，应当根据当前法律法规的要求进行制定和维护，教育管理规章不应与法律和上级部门的规定存在冲突，这样才能确保高校内部规章制度的合法有效。任何与现行的法律法规冲突的高校规则均应视为无效。在法律优先的前提下，高等学校自身的自由裁量权也应当受到法律的保护，但要避免自由裁量权的滥用问题，限制自由裁量权的无限膨胀。

高等学校校规校纪的内容应当尽可能明确化和标准化。学校规章制度设计应该具体便于操作，尽可能避免概括、含糊、容易引发歧义的语句，建立明确的实体和程序系统。学生可以从学校规章制度中明确判断出自己的行为带来的可能后果。惩罚性的规章制度制定应坚持错罚相当的义务，对于高校学生的处罚，应考虑教育内容和惩戒内容的适当比例，以达到轻惩重戒的教育目标。

（七）保障支持学生参加学校民主管理

在《普通高等学校学生管理规定》中明确提出了学生参与高校管理的权利与义务，这从某种程度上来说为学生参与高校管理提供了保障。其中第 41 条规定，学校应当建立和完善学生参与民主管理的组织形式，支持和保障学生依法参与学校民主管理。在我国，学生参与高校管理也受到了许多关注，政府也正积极尝试通过各种途径促进学生参与高校管理。2006 年 3 月，在中国发展高层论坛年会上，原教育部部长周济指出：“这一庞大的高学历群体不应该也不可能排斥在权力的边缘，他们会自然而然地从自身的利益和价值判断出发要求参与高校事务的管理。”

作为教学活动的参与者，学生可以在教学质量测评、教师评估，甚至是教学方案的设计等各个层面提出合理的建议。在生活领域，学生也应发挥他们的强大作用，在课外活动、学生服务和宿舍管理等与学生息息相关的方面，如果能让学生参与融入管理中，都将产生巨大的正向作用。

从近几年的发展情况来看，高校管理者治校理念随着时代的进步日益更新，学校也通过各种途径积极鼓励学生参与学校的管理活动，学生们的参与热情不断高涨。高校学生参与学校管理的内容不断丰富，不仅包括对自身和班级事务、教学科研、后勤保障等方面的管理，还逐步渗透到对学校重大问题的决策中。可以说，这些改进为促进大学生参与高校管理提供了不可多得的平台。

（八）保护学生合法权利

在教育教学管理中，高等学校有责任确保学生的合法权益实现，同时还应采用强有力的手段来加大学生的权利救济力度。比如说，在对学生作出某些处理决定之前，教育管理者有义务告知学生的申诉权和诉讼程序，对于学生的纪律处分必须在听取完学生申辩后才能作出。在即将作出对全部或部分学生的利益产生影响的决策时，应当有义务充分公开听取学生的意见建议。

（九）保护未成年学生

《中华人民共和国未成年人保护法》（以下简称《未成年人保护法》）第 17 条至第 26 条对于学校在未成年人保护方面的义务进行了明确的规定。

《未成年人保护法》第 17 条规定，学校应当全面贯彻国家的教育方针，实施素质教育，提高教育质量，注重培养未成年学生独立思考能力、创新能力和实践能力，促进未成年学生全面发展。

高校首先应当尊重未成年学生的各项权利。《未成年人保护法》第 18 条规定，学校应当尊重未成年学生受教育的权利，关心、爱护学生，对品行有缺陷、学习有困难的学生，应当耐心教育、帮助，不得歧视，不得违反法律和国家规定开除未成年学生。

从人身安全的角度来说，学校应当建立安全制度，加强对未成年人的安全教育，采取措施保护未成年人身安全。学校不得在危及未成年人人身安全、健康的校舍和其他设施、场所中进行教育教学活动。学校安排未成年人参加集会、文化娱乐、社会实践等集体活动时，应当有利于未成年人的健康成长，防止人身安全事故发生。高校应注重增强未成年人的自我保护意识和能力。

学校对于未成年学生具有一定范围内的救助义务。学校对未成年学生在校内或者本校组织的校外活动中发生人身伤害事故的，应当及时救护，妥善处理，并及时向有关主管部门报告。

教育管理者在实行对于未成年学生的教育管理方面，应当根据未成年学生身心发展的特点，对他们进行相关的社会生活指导、心理健康辅导和青春期教育。学校应当与未成年学生的父母或者其他监护人互相配合，保证未成年学生的睡眠、娱乐和体育锻炼时间，不得加重其学习负担。

对于在学校接受教育的有严重不良行为的未成年学生，学校和父母或者其他监护人应当互相配合加以管教。学校教职员应当尊重未成年人格尊严，不得对未成年人实施体罚、变相体罚或者其他侮辱人格尊严的行为。根据《未成年人保护法》第 11 条的规定，学校有义务引导未成年人进行有益身心健康的活动，预防和防止未成年人吸烟、酗酒、流浪、沉迷网络以及赌博、吸毒、卖淫等行为。

（十）安全防范

安全防范义务指的是高校有维护校园正常秩序的义务，应保证在校园中学生合法权益免受侵害。《普通高等学校学生管理规定》第 40 条规定，学校应当维护校园正常秩序，保障学生的正常学习和生活。加强维护校园治安秩序对维护学校的教学秩序稳定，保障师生人身财物安全，以及维护社会稳定都有着极大的必要性和重要性。2002 年教育部颁布的《学生伤害事故处理办法》中，对学生伤害事故的范围、学校的相应职责，学生承担过错责任的程度以及出现学生伤害事故的处理办法都做了明确的规定。该办法要求学校的安全保卫、消防、设备管理不能存在明显的疏漏，向学生提供的药品、食品、饮用水应当符合国家卫生标准，学校教职员工应当恪尽职守，不能出现违反工作要求、道德操守、操作流程的行为。如出现以上问题而导致学生产生伤亡事故，学校应当承担相应的赔偿责任。

《学生伤害事故处理办法》对于学校义务使用了过错责任原则，即学校如无过错则不承担相应责任。鉴于高校学生大部分已年满 18 周岁，具有完全的民事行为能力，高校对于学生权益的保护，侧重于整体性保护。高校只要给学生提供安全可靠的学习生活环境，就完成了自己的义务内容。学生在学校提供的环境中，只要遵守正常的教学和生活秩序就可以避免权益受损的现象发生。学校无义务去排除每个个体在特殊情况下受到伤害的可能性。

安全防范义务的一个重要方面就是增强学生的安全意识。由于我国大学教育之前的各阶段教育以高考为指向，导致了素质教育的缺失，高校学生入学时的安全防范意识普遍较差，防盗、防火甚至交通安全知识都严重匮乏，缺乏相应的安全训练，遇到突发事件容易惊慌失措，导致严重后果。因此，高校有义务完善高校安全教育，提升学生安全意识和自救能力，最大限度地避免校园学生伤害事件发生。

为了能够更好、切实地履行安全防范义务，高等学校安全保卫部门应是保持高校治安稳定，保证学校教学、科研、工作和生活秩序顺利进行的基础队伍，同时也应当建立一个万无一失、疏而不漏的校园安全网络联动体系。对于校园中可能出现的突发事件，高校应具有一定的突发事件及时应对处置能力。高校突发事件往往难以预测，一旦出现会迅速蔓延和扩散，难以防控，对此，学校应该建立紧急处置预案，建立完善的应急预警和监测机制。事故一旦发生，各部门可以快速集结，形成联动，及时处理危机，隔离无关人员，避免恶性事件的发展。

（十一）义务的来源

高校学生管理的义务的来源主要有以下几个方面。

1. 《教育法》

我国《教育法》规定的学校及其他教育机构的义务主要包括以下几个方面的内容。

（1）采用一些容易被人接受的方式使得监护人能够了解接受教育的人在学校的基本情况，这些基本情况中主要包括学生的学习状况、生活适应度以及相关的考试成绩等。

（2）相关人员需要遵守法律、法规。

（3）依法接受监督。

（4）维护受教育者、教师及其他职工的合法权益。

（5）遵守国家有关规定收取费用并公开收费项目。

2. 《事业单位登记管理暂行条例》

鉴于高等学校属于国家事业单位性质，也应当遵守国家事业单位的相关义务。《事业单位登记管理暂行条例》于 1998 年 9 月 25 日国务院第八次常务会议通过，其第 2 条第1款规定，事业单位是指国家为了社会公益目的，由国家机关举办或者其他组织利用国有资产举办的，从事教育、科技、文化、卫生等活动的社会服务组织。

条例中第 15 条明确规定，事业单位在开展活动时，按照国家有关规定取得的合法收入，必须用于符合其宗旨和业务范围的活动。事业单位接受捐赠、资助，必须符合事业单位的宗旨和业务范围，必须根据与捐赠人、资助人约定的期限、方式和合法用途使用。第 16 条规定，事业单位必须执行国家有关财务、价格等管理制度，接受财税、审计部门的监督。

第 17 条规定，事业单位应当于每年 3 月 31 日前分别向登记管理机关和审批机关报送上一年度执行本条例情况的报告。

3. 《高等教育法》

《高等教育法》于 1999 年 1 月 1 日起实施，其总则篇中规定了我国高等教育所应当承担的义务：第 4 条中明确规定，学校的教育是为了我国的社会主义服务的。我们在第三次科技革命的洗礼下，亲眼见证了科技带给我们生活的便利与好处，让我们的生活更加快捷，工作变得更加简单，这样的生活都是得益于高科技的发展，因此我们作为教育行业的工作者，需要为社会的发展培养更多的科技方面的创新人才，这样才能推动社会的发展，为社会的繁荣做出贡献。

除了上述所说的之外，在法则中也对相关义务作出了必要的规定。第 24 条明确规定，设立高校时应该明确规定高校的任务，设立高校的首要目的就是要培养专业的创新型科技人才，其目的是公益性的，不存在个人利益的交换关系。在一些其他的条例中也规定高等学校不得将用于教学和科学研究活动的财产挪作他用。第 59 条第 1 款规定，学校在学生临毕业前需要及时为学生提供必要的后盾支持。学生毕业时，学校有义务为学生进行毕业指导，帮助学生就业，提高就业率。

学校的发展前景、学校的总体发展方向都是由校长带领相关的管理者同时决策规定的，校长的责任非常重大，因此对于校长的带头作用，责任条例中也有明确的规定。

4. 《普通高等学校学生管理规定》

通过我们对这条法规的查找与阅读可以发现，在这条法规中我们了解到学校的目的是要为社会培养相关方面的人才，这也是其教育的总体目标与根本任务。学校需要在我国法律的基础上，同时在遵循教育规律的基础上管理学生，从而完成相应的教学任务。另外，我们还需要在管理的同时提升学校的管理水平，为培养社会主义的人才奠定坚实的基础。

第五节　高校学生管理工作流程

针对高校学生事务管理的工作流程，主要从健康服务与安全管理、在校学生纪律教育与行为规范、民族学生服务与管理以及学生住宿服务与学园管理这四个部分来进行详尽的阐述，以便读者更好地在实际工作中加以应用。

一、健康服务与安全管理

（一）安全教育

我们都知道，安全对于任何地区，不管是学校、各种机构或者工作场合来说都是非常重要的。学校是人员密集的场所，所以校园中对于学生的安全教育是绝对不能少的，其安全教育的流程如图 1-1 所示。

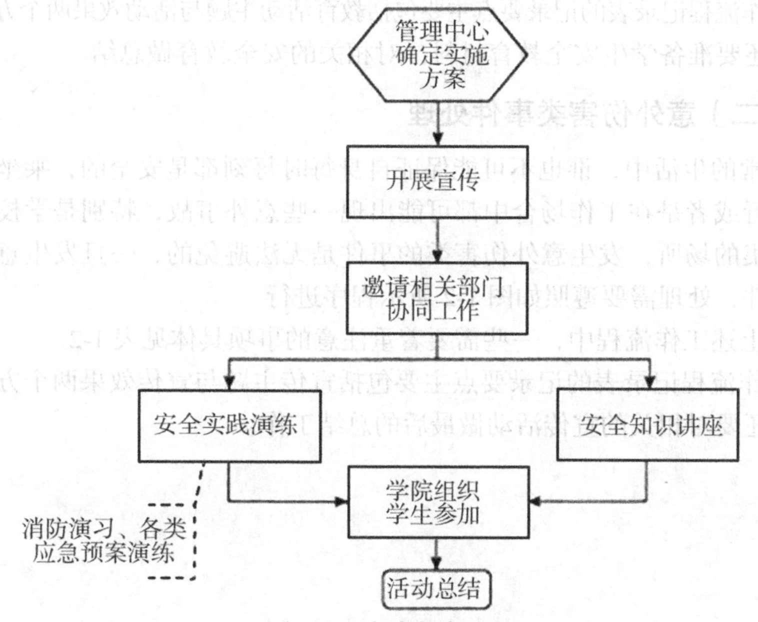

图 1–1　安全教育流程

在上述过程中，一些需要着重注意的事项具体见表 1-1。

表 1–1　工作说明

工作说明
承办人员：学生工作处大学生管理中心
实施对象：全日制普通本科生
实施期限：全年
相关法规：《中华人民共和国消防安全法》《高校学生安全教育及管理暂行规定》
注意事项：
1. 注意做好安全教育活动宣传，提高学生参加的积极性；
2. 每次参与学生人数应适量，分批次进行，保障教育效果；
3. 做好相关部门及学生的协调工作。
办理方式：
1. 学生处管理中心按年度工作计划制定安全教育方案；
2. 邀请保卫处、公安部门等协同推进安全教育工作；
3. 各学园通过宿舍走访、海报横幅开展活动宣传工作；
4. 管理中心、各学院按方案组织学生参加。

工作流程记录表的记录要点主要包括教育活动主题与活动效果两个方面。此外，还要准备学生安全教育材料，对相关的安全教育做总结。

（二）意外伤害类事件处理

日常的生活中，谁也不可能保证自身每时每刻都是安全的，乘坐交通工具出行或者是在工作场合中都可能出现一些意外事故，特别是学校这类人员密集的场所，发生意外伤害类的事件是无法避免的，一旦发生意外伤害类事件，处理需要遵照如图 1-2 所示程序进行。

在上述工作流程中，一些需要着重注意的事项具体见表 1-2。

工作流程记录表的记录要点主要包括宣传主题与宣传效果两个方面。此外，还要对相关的宣传活动做最后的总结工作。

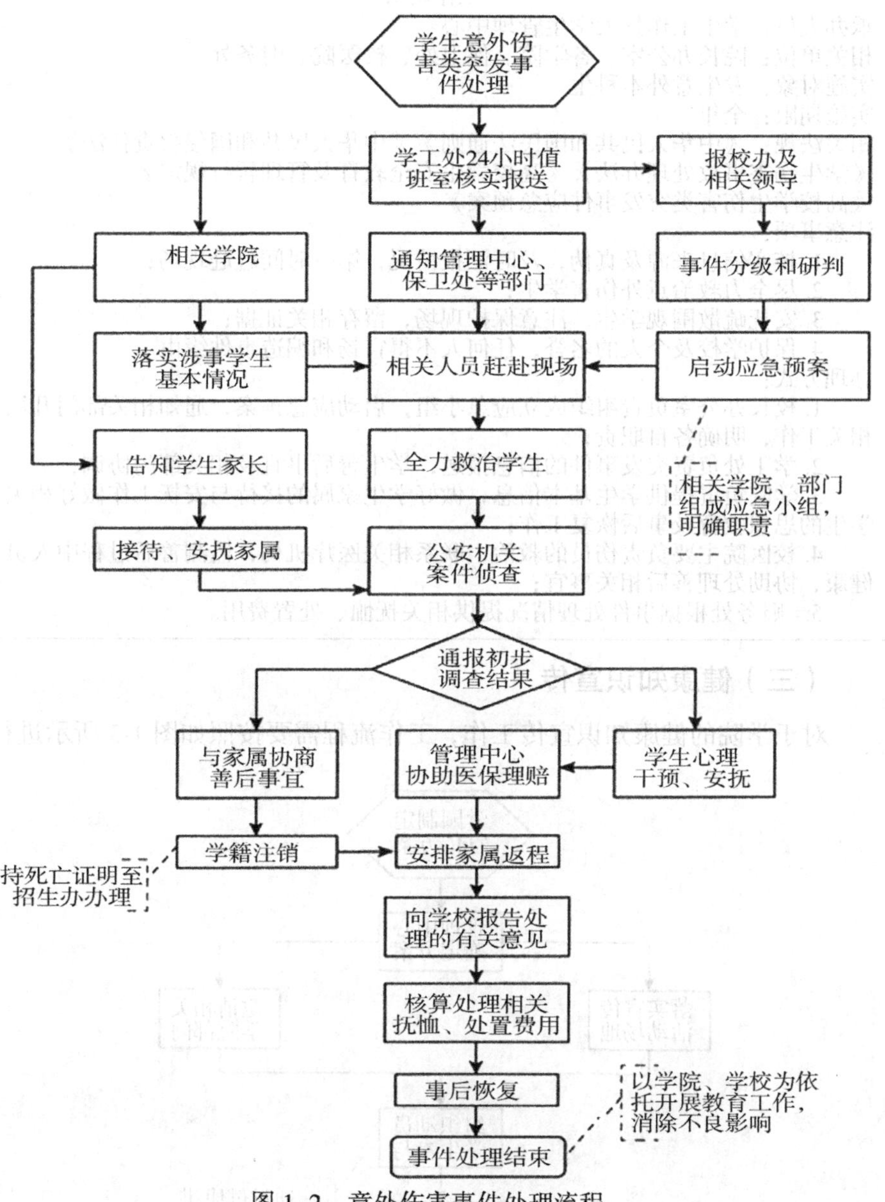

图 1–2　意外伤害事件处理流程

表 1-2　工作说明

工作说明
承办人员：学生工作处大学生管理中心 相关单位：院长办公室、各学院、保卫处、校医院、财务处 实施对象：发生意外本科生 实施期限：全年 相关法规：《中华人民共和国民法通则》《中华人民共和国侵权责任法》《学生伤害事故处理办法》《高校学生安全教育及管理暂行规定》《高校学生伤害类突发事件应急预案》 注意事项： 1. 核实信息来源及真伪，及时汇报情况，第一时间赶赴现场； 2. 尽全力救治意外伤害学生； 3. 安抚疏散围观学生，注意保护现场，留存相关证据； 4. 保护学校及个人的名誉，任何人不得宣扬和编造事件缘由。 办理方式： 1. 校长办公室负责组织成立应急小组，启动应急预案，通知相关部门开展相关工作，明确各自职责； 2. 学工处负责突发事件的信息报送，学生善后事宜及相关部门协调； 3. 学院负责提供学生基本信息，做好学生家属的接待与安抚工作做好相关学生的思想教育及事后恢复工作； 4. 校医院主要负责伤员的救治，联系相关医疗机构，监测善后过程中人员健康，协助处理善后相关事宜； 5. 财务处根据事件处理情况提供相关抚恤、处置费用。

（三）健康知识宣传

对于学院的健康知识宣传工作，工作流程需要按照如图 1-3 所示进行。

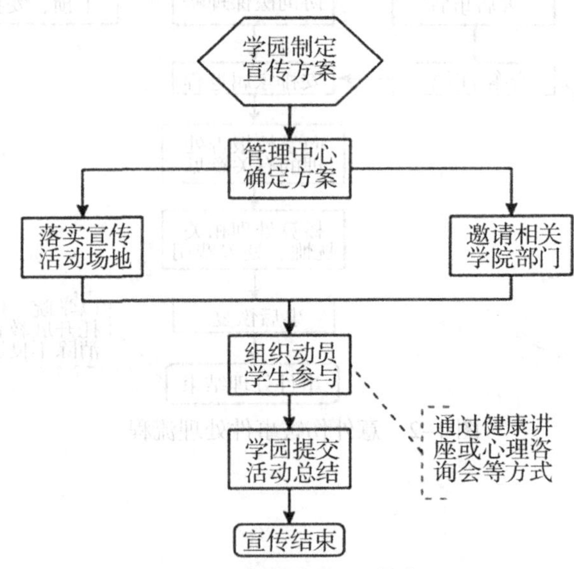

图 1-3　健康知识宣传流程

在上述工作流程中，一些需要着重注意的事项具体见表 1-3。

表 1-3 工作说明

承办人员	学生工作处大学生管理中心
相关单位	各学院、校医院
实施对象	各学生园区
实施期限	全年
相关法规	《高校学生安全教育及管理暂行规定》
注意事项	1. 注意做好活动的宣传工作，提高学生参加的积极性； 2. 及时了解学生的健康动态信息，做好相关生理、心理预防工作； 3. 做好相关部门及学生的协调工作
办理方式	1. 学生处管理中心指导学园开展健康知识宣传，提供必要支持； 2. 学园按目前健康宣传需求邀请校医院或心理咨询中心开展相关讲座或咨询会； 3. 通过宿舍走访、张贴海报横幅开展讲座、咨询会宣传工作； 4. 各学院应鼓励学生参加健康讲座，提高自身防范意识

工作流程记录表的记录要点主要包括宣传主题与宣传效果两个方面。此外，还要对相关的宣传活动做最后的总结工作。

（四）医保服务

在这部分内容中主要针对学生居民保险信息办理与学生商业医疗保险办理进行分析。

1. *居民保险办理*

办理学生居民保险过程中需要按照如图 1-4 所示的程序进行。

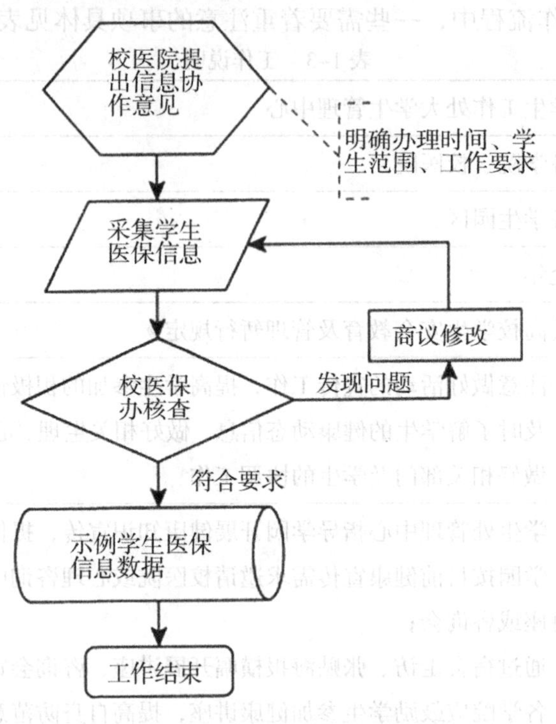

图 1–4　办理学生居民保险流程

在上述工作流程中，一些需要着重注意的事项具体见表 1-4。

表 1–4　工作说明

承办人员	学生工作处大学生管理中心
相关单位	校医院
实施对象	全日制普通本科生
实施期限	每年九月
相关法规	1.《大学学生基本医疗保障制度实施办法》； 2.《大学生基本医疗保障制度的有关规定》； 3.《完善学生医疗保障体系、加强医疗保障工作会议纪要》
注意事项	1. 学生医保信息采集应确保准确无误； 2. 医保信息整合报送须及时高效
办理方式	1. 校医院向学工处提出书面协作意见； 2. 学工处管理中心通过学籍信息库及新生学籍卡采集学生信息； 3. 涉及学生个别信息处理时，由医保办或学生本人直接处理

工作流程记录表的记录要点主要包括学生个人信息与学生学籍信息两点。除了上述所说的之外，还需要准备在校学生医疗保险信息统计表，具体内容见表1-5。

表1–5 在校学生医疗保险信息统计样表

序号	身份证	学号	姓名	院系	专业	班级	学生类别

2. 商业保险办理

办理学生居民保险过程需要按照如图1-5所示的程序进行。

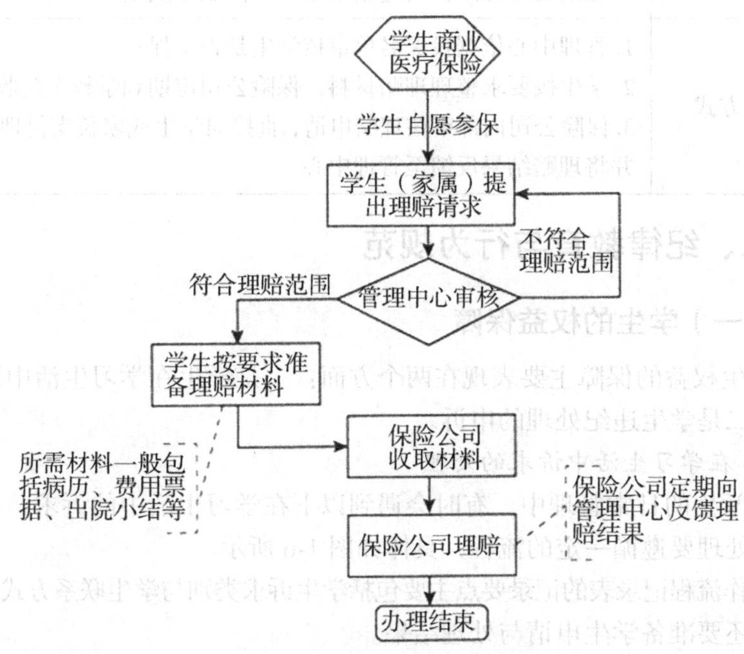

图1–5 办理学生居民保险流程

在上述工作流程中，一些需要我们着重注意的事项具体见表1-6。

工作流程记录表的记录要点主要包括理赔学生个人信息、理赔事由与理赔金额三个方面。此外，还需要准备学校商业保险投保协议与学生保险理赔证明材料。

表 1-6 工作说明

承办人员	学生工作处大学生管理中心
相关单位	各学院、保险公司
实施对象	全日制普通本科生
实施期限	全年可办理，一个月办结
相关法规、政策	1.《中华人民共和国保险法》； 2.《国务院关于开展全国居民基本医疗保险试点的指导意见》
注意事项	1. 学生同时购买居民医保和商业医保的，应先行理赔居民医保； 2. 商业医保办理确保准确、及时、高效； 3. 定期统计保险公司理赔结果，确保服务质量
办理方式	1. 管理中心依据投保名单审核学生是否参保； 2. 学生按要求整理理赔材料，保险公司定期到学校上门收取； 3. 保险公司内部审核理赔申请，直接向学生或家长支付理赔金，并将理赔结果反馈至管理中心

二、纪律教育与行为规范

（一）学生的权益保障

学生权益的保障主要表现在两个方面：一是学生在学习生活中诉求的处理，二是学生违纪处理的申诉。

1. 在学习生活中诉求的处理

在学生的日常管理中，有时会遇到以下在学习生活中的诉求，对这些情况的处理要遵循一定的流程，具体如图 1-6 所示。

工作流程记录表的记录要点主要包括学生诉求类别与学生联系方式两点。此外，还要准备学生申请与处理结果。

2. 违纪处理的申诉

学生违反学校的纪律会受到一定的处罚，具体流程如图 1-7 所示。

工作流程记录表的记录要点主要包括学生申诉事由与学生联系方式两点。此外，还需要准备学生处分决定文件与学生申诉申请书。

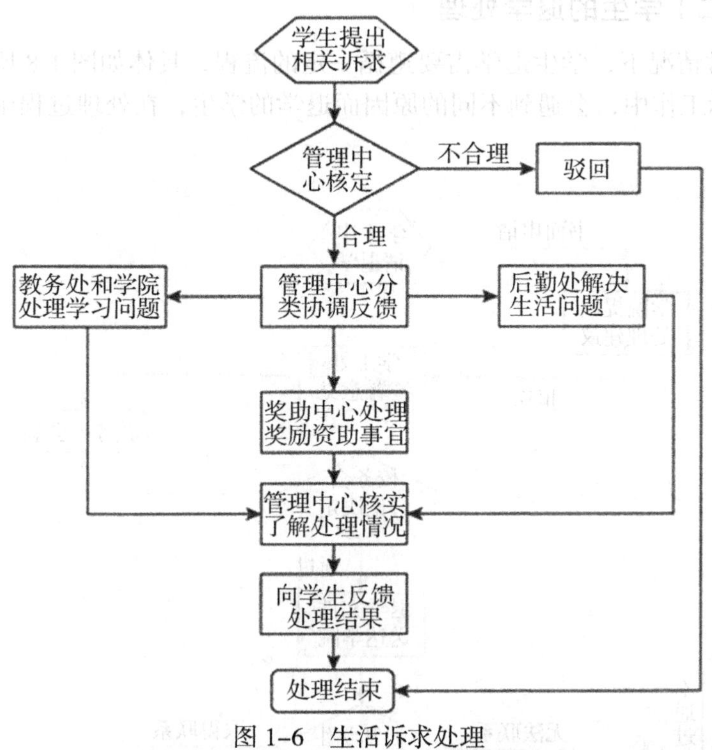

图 1–6　生活诉求处理

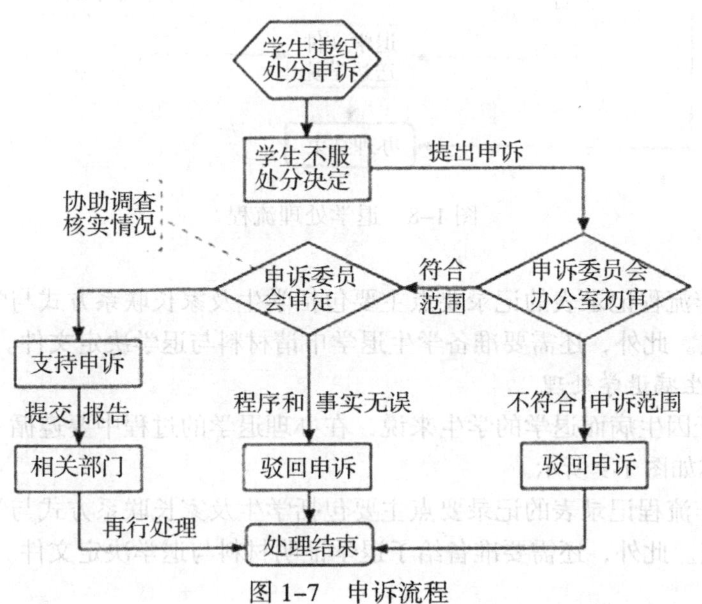

图 1–7　申诉流程

（二）学生的退学处理

通常情况下，学生退学需要遵循一定的流程，具体如图 1-8 所示，但是在实际工作中，会遇到不同的原因而退学的学生，在处理过程中会有一些差异。

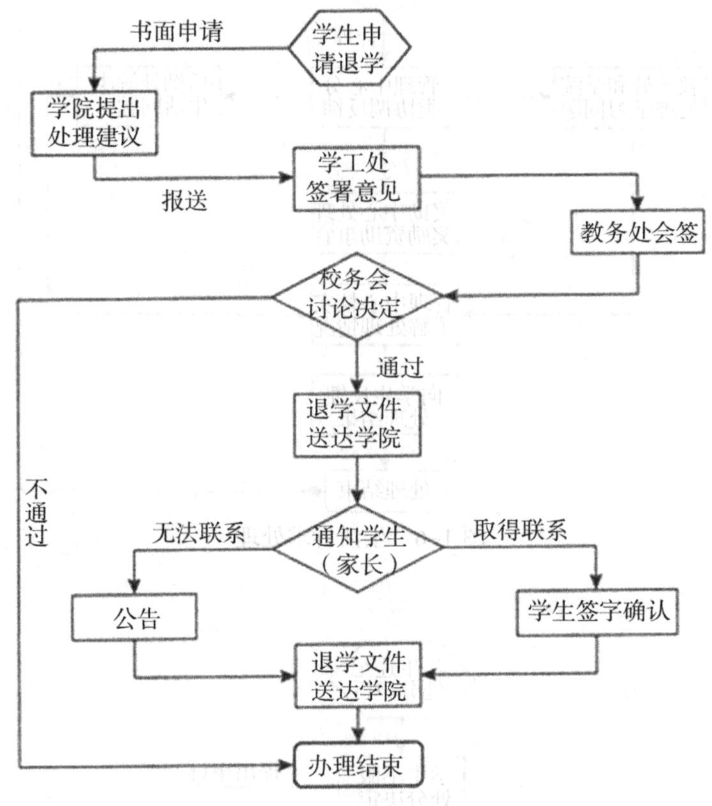

图 1–8　退学处理流程

工作流程记录表的记录要点主要包括学生及家长联系方式与学院处理建议两点。此外，还需要准备学生退学申请材料与退学决定文件。

1. 生病退学处理

对于因生病而退学的学生来说，在办理退学的过程中要遵循一定的流程，具体如图 1-9 所示。

工作流程记录表的记录要点主要包括学生及家长联系方式与学院处理建议两点。此外，还需要准备给予退学证明材料与退学决定文件。

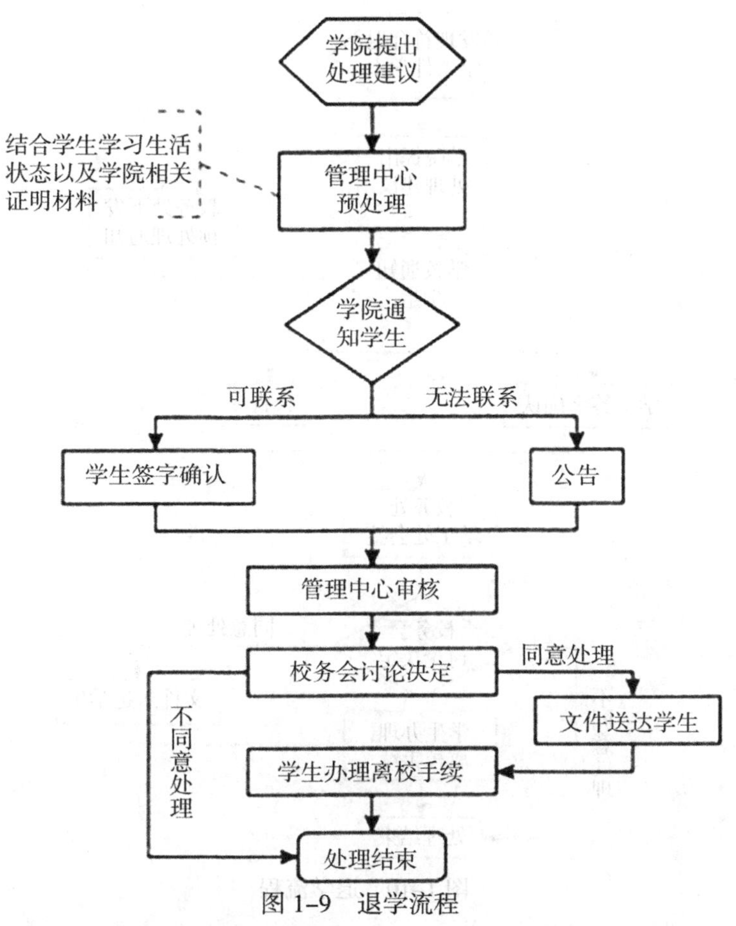

图 1–9 退学流程

2. 学时学分退学处理

对于因学时学分原因而退学的学生来说，在办理退学的过程中要遵循一定的流程，具体如图 1-10 所示。

工作流程记录表的记录要点主要包括学生及家长联系方式与学院处理建议两点。此外，还需要准备给予退学证明材料与退学决定文件。

（三）学生的日常行为管理

1. 优良行为奖励

对于优良的学生应适当予以奖励，其奖励需要遵循一定的流程，具体如图 1-11 所示。

工作流程记录表的记录要点主要包括优良行为类型与奖励方式两点。此外，还需要准备一份学生优良行为奖励申报表，其具体内容见表 1-7。

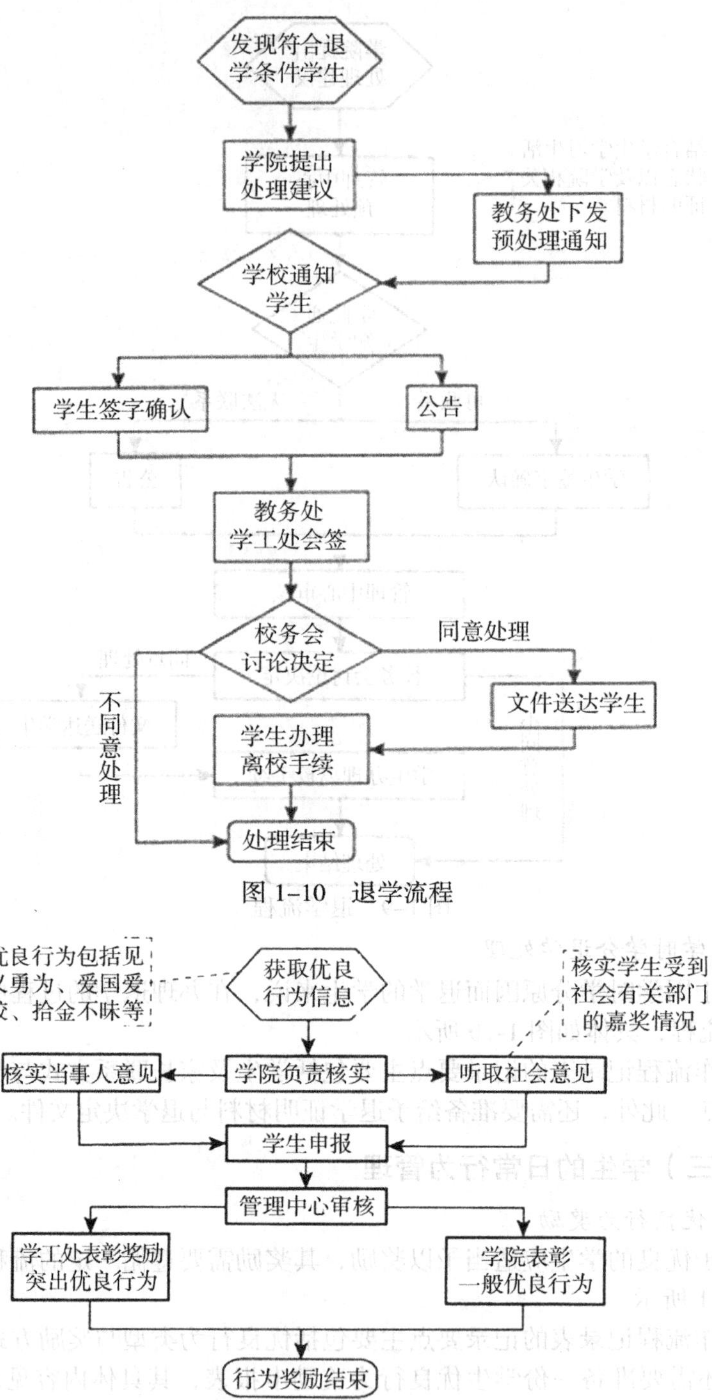

图 1-10　退学流程

图 1-11　奖励流程

表 1–7　学生优良行为奖励申报表

姓名		学院		班级		注册学号	
专业				联系电话			
奖励事由							

2. 日常违纪处理

对于学生日常行为违纪的处理，通常情况下，我们要遵循图 1-12 所示的处理流程。

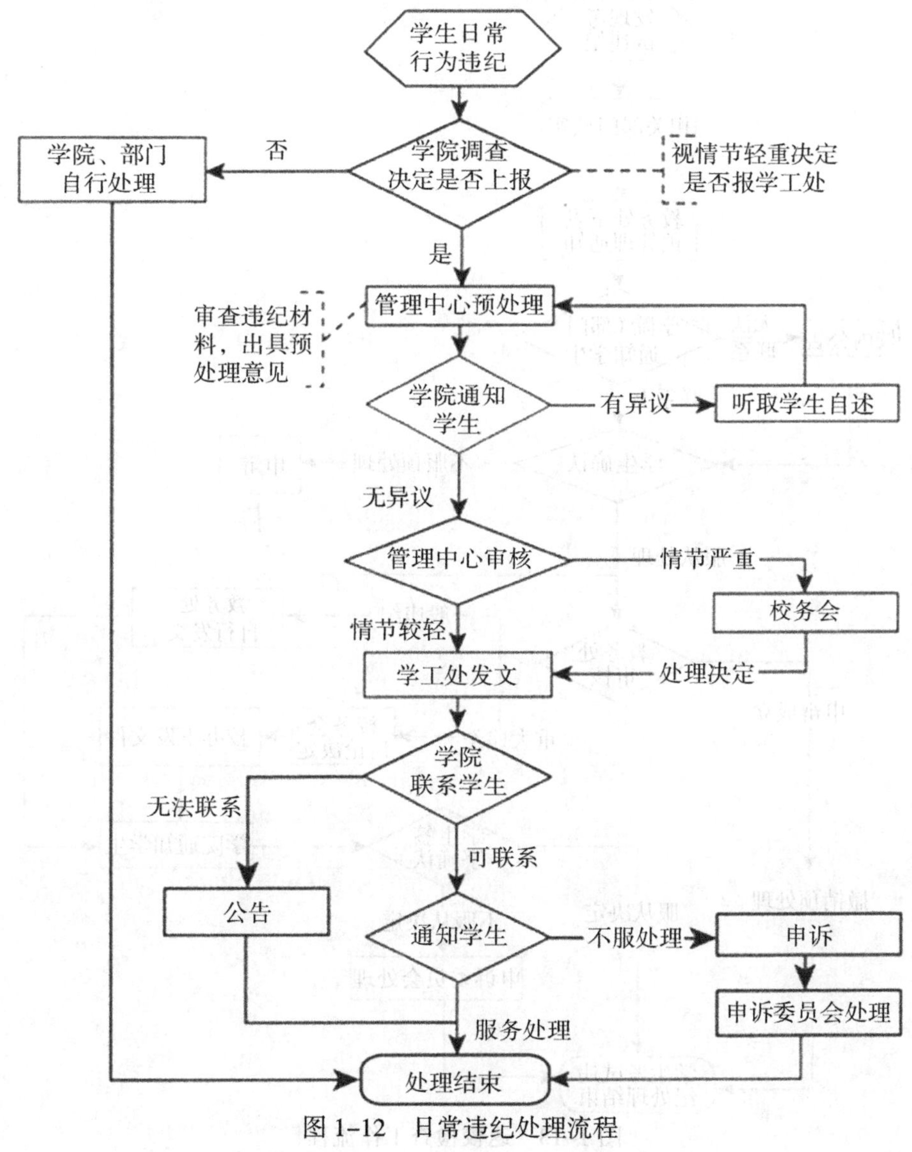

图 1–12　日常违纪处理流程

工作流程记录表的记录要点主要包括学院处理意见与学生反馈意见两点。

在必要的情况下有时还需要准备学生日常违纪行为证明材料与预处理通知书等，具体视情况而定。

3. 返校情况检查

对于学生的返校情况，在实际的检查工作中我们也要遵循一定的流程，具体如图 1-13 所示。

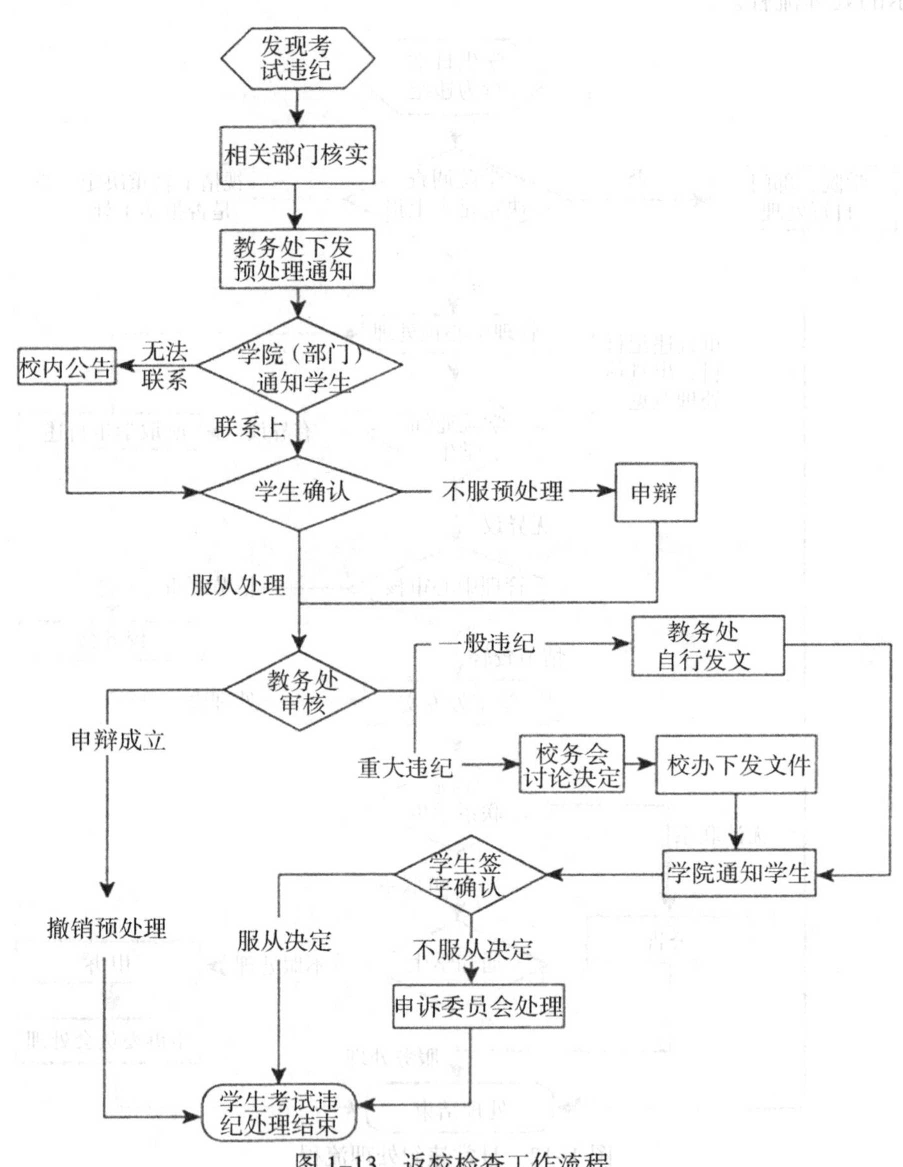

图 1-13　返校检查工作流程

工作流程记录表的记录要点主要包括学生返校注册情况与学院核实情况两个方面。

4. 考试违纪处理

对于学生在考试中违纪的处理要遵循一定的流程，具体如图 1-14 所示。工作流程记录表的记录要点主要包括考试违纪的类型与处理结果两个方面。

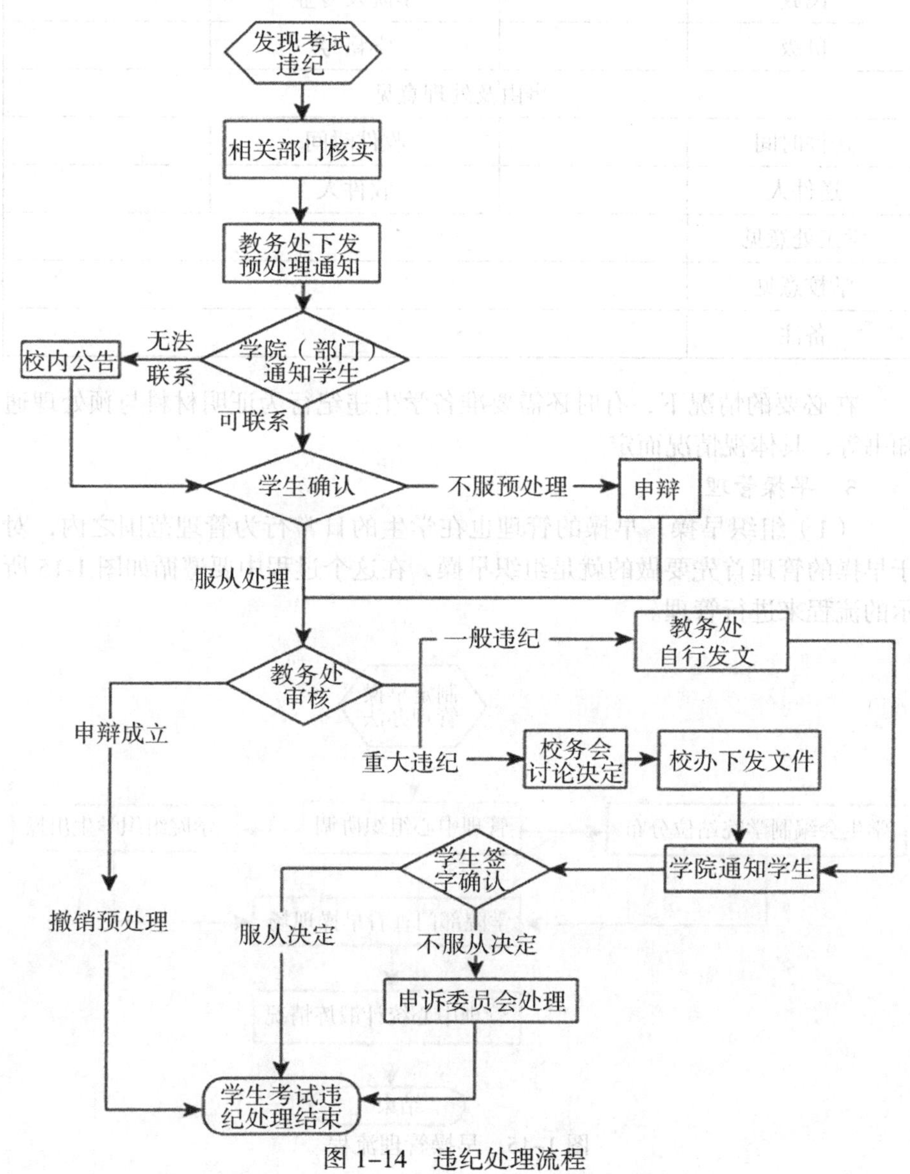

图 1-14　违纪处理流程

此外，还需要准备一份学生处理材料的登记表，其具体内容见表 1-8 所示。

表 1-8　学生处理材料登记表

学生姓名		性别	
籍贯		出生日期	
民族		学院及专业	
班级		学籍号	
事由及处理意见			
送件时间		收件时间	
送件人		收件人	
学工处意见			
学校意见			
备注			

在必要的情况下，有时还需要准备学生违纪行为证明材料与预处理通知书等，具体视情况而定。

5. 早操管理

（1）组织早操。早操的管理也在学生的日常行为管理范围之内，对于早操的管理首先要做的就是组织早操，在这个过程中要遵循如图 1-15 所示的流程来进行管理。

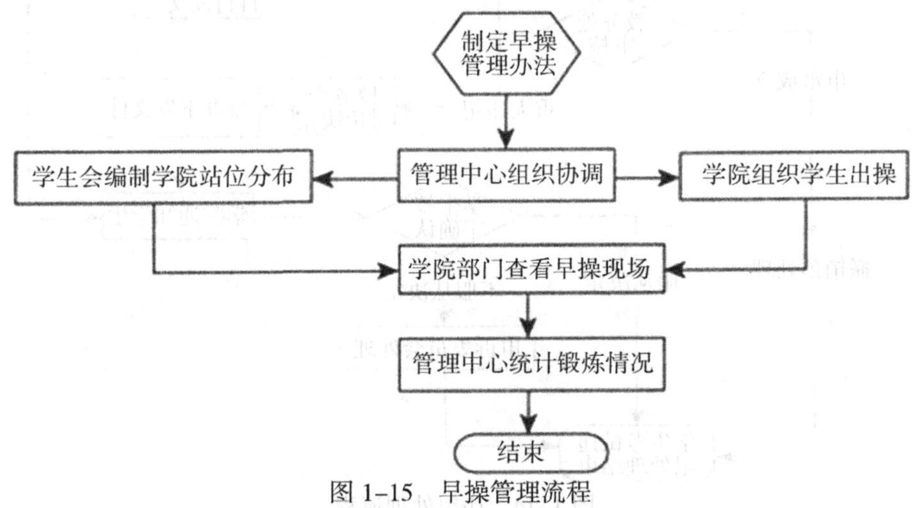

图 1-15　早操管理流程

工作流程记录表的记录要点主要包括学院早操站位安排与领操人员名单两个方面。

（2）考评早操。

在考评早操的过程中，我们需要按照图 1-16 所示的流程进行。

工作流程记录表的记录要点主要包括学院出勤率与早操的质量两个方面。此外，还需要准备一份学生会考核材料与早操锻炼表彰决定。

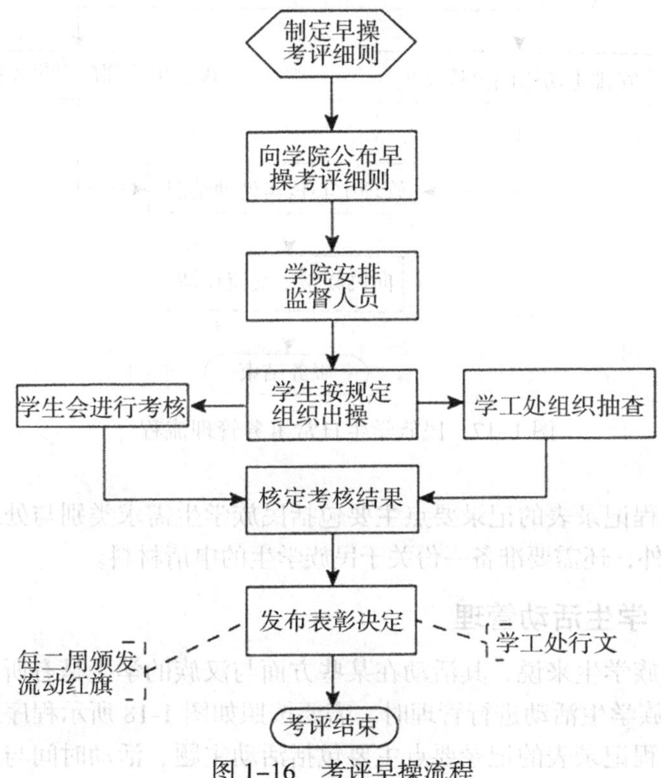

图 1–16　考评早操流程

三、民族学生服务与管理

（一）日常事务服务

对于民族学生的日常事务来说，在进行中我们需要按照图 1-17 所示的程序来管理。

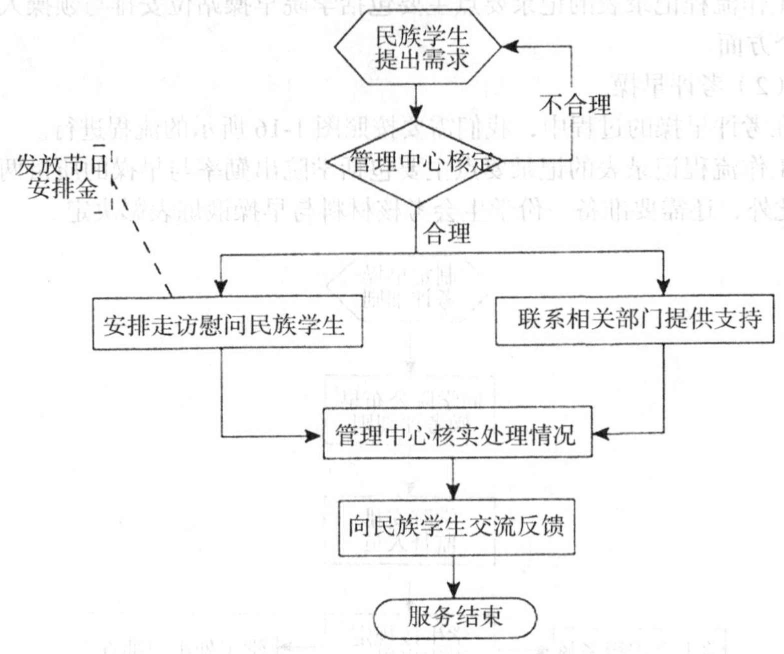

图 1–17　民族学生日常事务管理流程

工作流程记录表的记录要点主要包括民族学生需求类别与处理结果两个方面。此外，还需要准备一份关于民族学生的申请材料。

（二）学生活动管理

对于民族学生来说，其活动在某些方面与汉族的学生是有所差异的，因此在对民族学生活动进行管理时，需要按照如图 1-18 所示程序进行。

工作流程记录表的记录要点主要包括活动主题、活动时间与活动开展的场所三个方面。此外，还需要准备民族学生活动申请材料、活动考评材料与活动宣传报道。

四、学生住宿服务与学园管理

（一）学园基础文明建设

1. 日常文明检查

平时在校园中会有一些日常的检查，这些检查需按照如图 1-19 所示的程序进行。

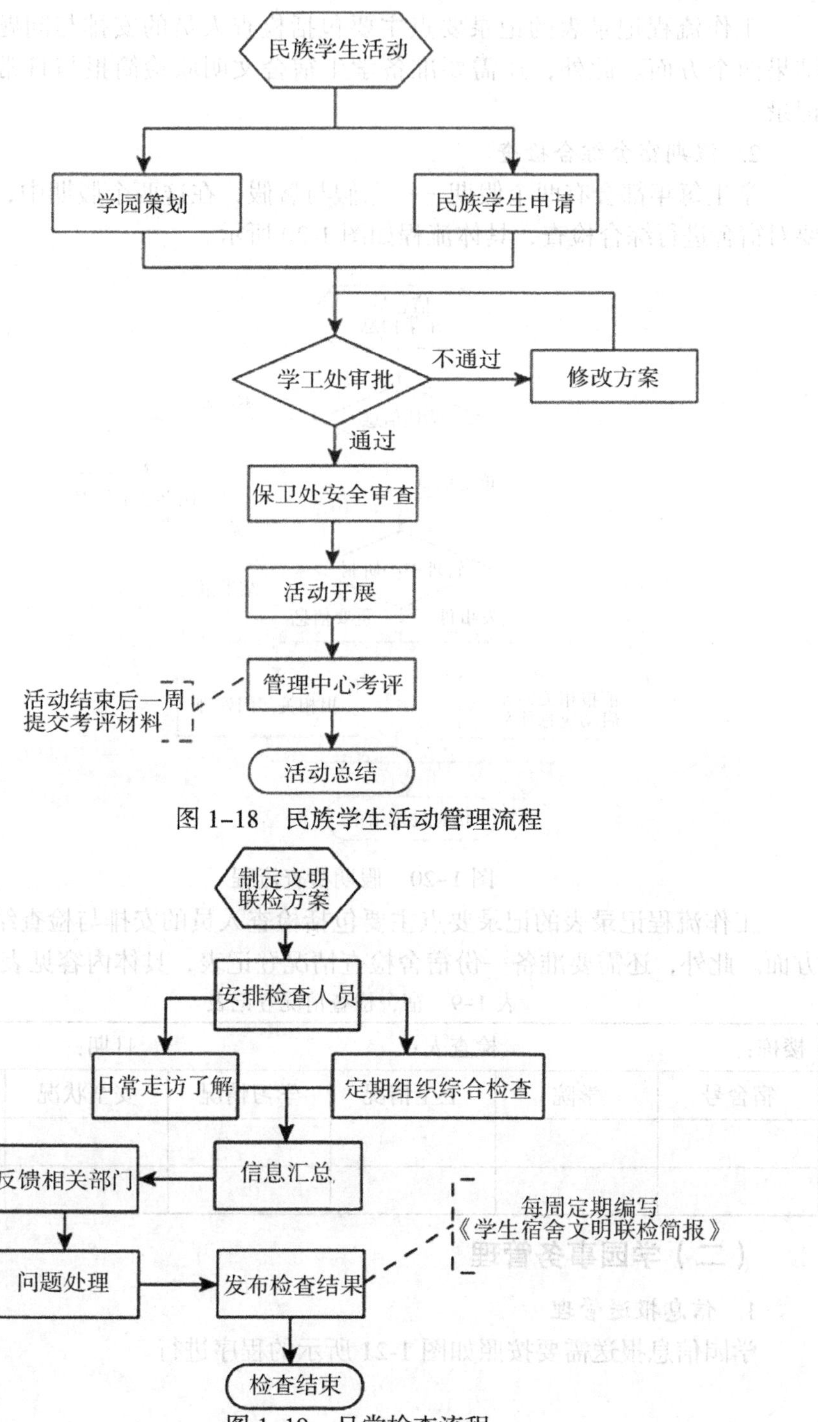

图 1-18 民族学生活动管理流程

图 1-19 日常检查流程

工作流程记录表的记录要点主要包括检查人员的安排与问题的处理结果两个方面。此外，还需要准备学生宿舍文明联检简报与日常走访的记录。

2. 假期宿舍综合检查

学生每年都会有两个假期——寒假与暑假，在这两个假期中，学校需要对宿舍进行综合检查，具体流程如图 1-20 所示。

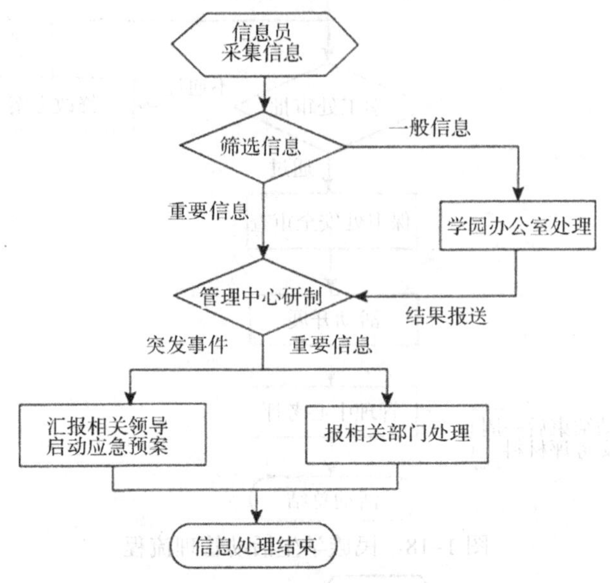

图 1–20 假期检查流程

工作流程记录表的记录要点主要包括检查人员的安排与检查结果两个方面。此外，还需要准备一份宿舍检查情况登记表，具体内容见表 1-9。

表 1–9 宿舍检查情况登记表

楼栋：		检查人：		日期：	
宿舍号	学院	卫生情况	学习情况	安全状况	备注

（二）学园事务管理

1. 信息报送管理

学园信息报送需要按照如图 1-21 所示的程序进行。

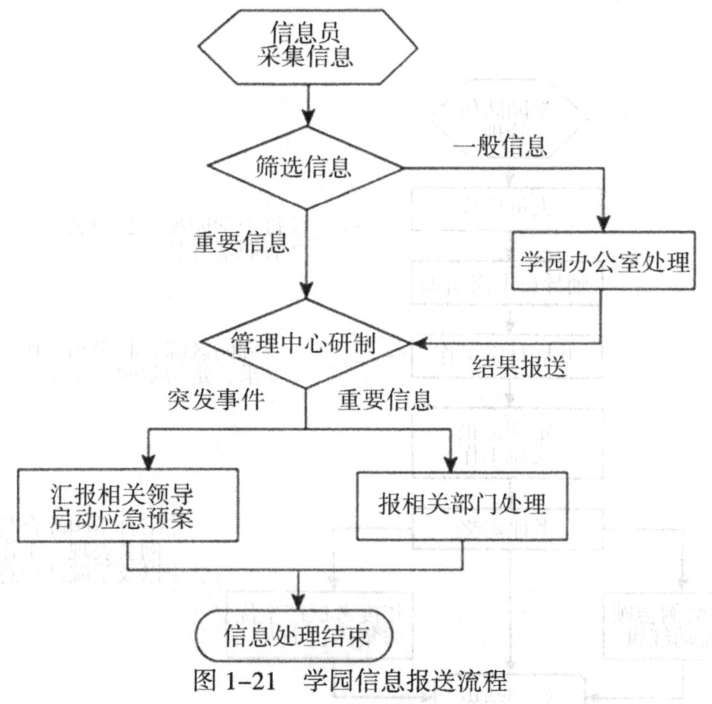

图 1-21 学园信息报送流程

工作流程记录表的记录要点主要包括信息报送的时间与信息报送内容两个方面。此外，还需要准备信息员报送材料与信息处理结果。

2. 工作队伍建设

学园事务管理首先需要的就是管理人员，需要按照如图 1-22 所示的程序进行。

工作流程记录表的记录要点主要包括走访交流情况与学园流动红旗记录两个方面。此外，还需要准备学园工作年鉴与年度优秀学园、优秀兼职辅导员表彰决定。

（三）本科生住宿管理

1. 入住管理

新生入学，首先我们要做的就是安排学生住宿，在这个过程中要遵循图 1-23 中所示的流程进行。

工作流程记录表的记录要点主要包括房源清理维修计划与房源分配情况两个方面。

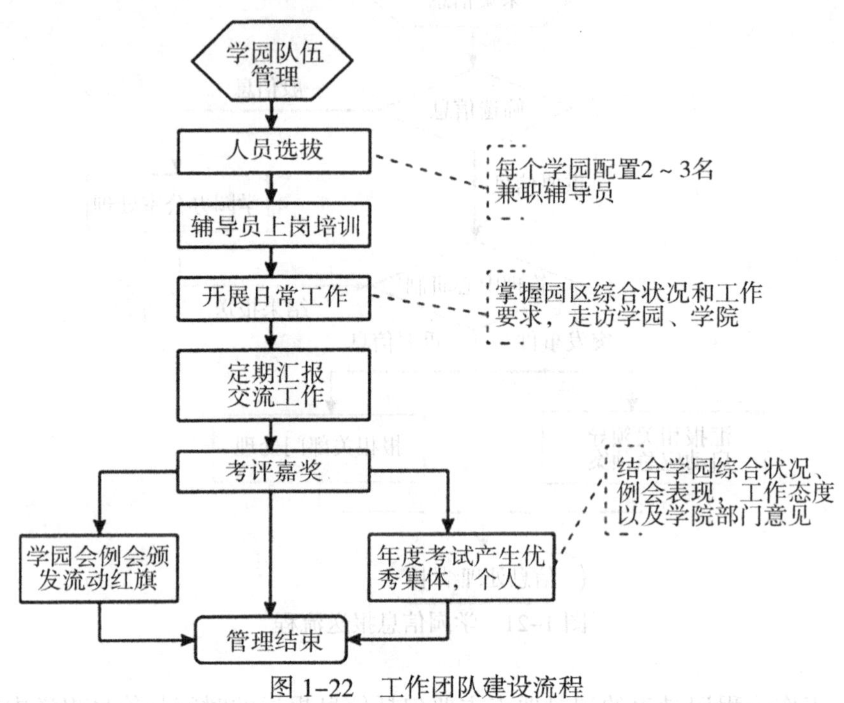

图 1–22 工作团队建设流程

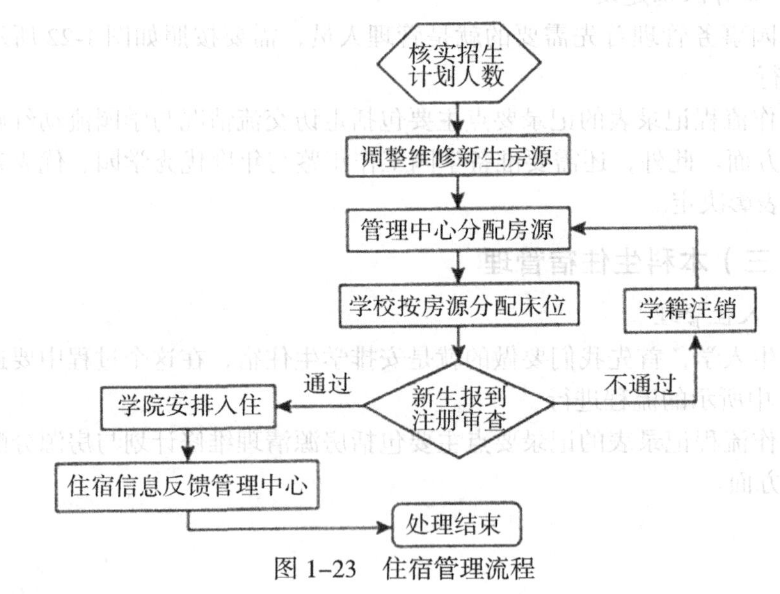

图 1–23 住宿管理流程

2. 校外住宿管理

对于距离学校近的学生，可以自主选择在家中居住，也就是在校外住宿，其管理需按照如图 1-24 所示的流程进行。

工作流程记录表的记录要点主要包括校外住宿事由、校外住宿去向与原宿舍号三个方面。此外，还需要准备一份学生校外住宿申请表。特殊情况下，有时还需要准备学生校外住宿安全承诺书与退宿舍单存根联。

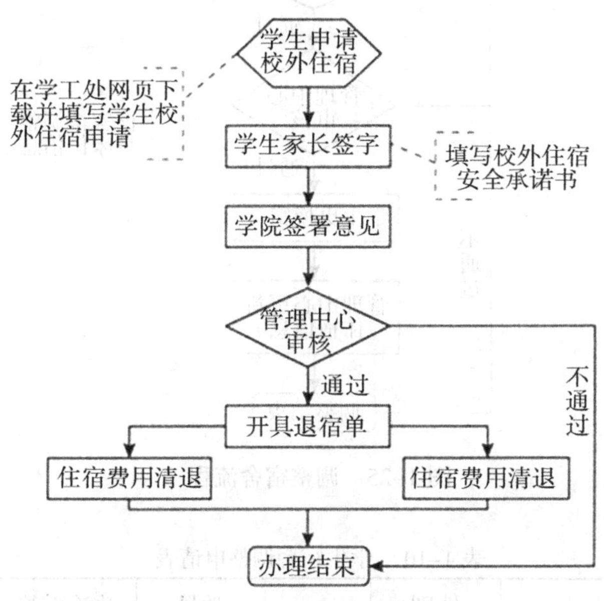

图 1–24　校外住宿管理流程

3. 宿舍调整管理

安排好的住宿可能会由于某些原因出现调整宿舍的现象，需要按照如图 1-25 中所示的流程进行。

工作流程记录表的记录要点主要包括学院调宿意见与学生住宿费变更情况两个方面。此外，还需要准备一份学生宿舍调整申请表，具体内容见表 1-10 所示。

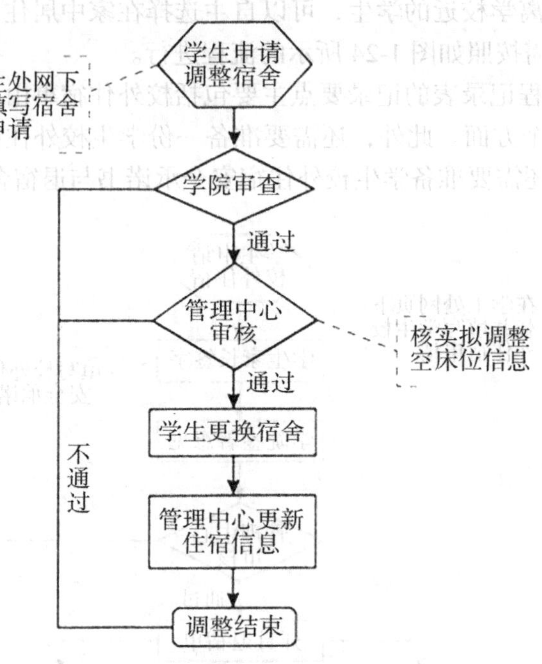

图 1–25　调整宿舍流程

表 1–10　学生宿舍调整申请表

姓名		性别		学号		政治面貌	
所在院校		原住宿舍				申请宿舍	
申请原因						联系电话	

第二章　互联网背景下高校学生管理现有模式与问题分析

互联网的高速发展，对我国高校学生管理工作产生了十分巨大的影响。本章从大学生人格化管理模式、制度化管理模式、温情化管理模式三个方面论述了在互联网背景下的高校学生管理的现有模式，分析其具体的实施细节及优缺点。最后，本章对传统高校管理模式进行了反思，期待对今后的工作有更好的借鉴作用。

第一节　大学生人格化管理模式

一、人格化管理模式的基本定义

人格化管理是指在管理中注重发掘人的主动性和潜力，更多地提倡注重人的因素影响的管理模式。人格化管理模式的方方面面都体现出“一切从人出发，以人为本”的原则。在人格化的管理模式中，人是核心要素。人格化管理模式的内涵是充分重视管理对象的个性，调动他们潜在的主动性和参与感，使他们被尊重和理解。

在人格化的管理模式中，一定的群体有一定的共性，每一所大学的学生也都有着一定的共性。如外国语大学浪漫、文科大学民主、理科大学严谨等。由于高校不同的文化内涵和底蕴，就会产生不同风格的“学生人格”。从小的群体来说，大学的社团以及以宿舍为单位的团体，也会形成风格各异的“人格化”。这些“人格”的形成都是从心理学方面定义的，对于大学生走向社会及工作、生活有很大的影响。

二、人格化管理模式的重要意义

人格化的管理模式可以更好地提升高校人才的能力和素质。不同的时代赋予了高校人才不同的使命。在社会主义的中国，青年肩负的使命更为重大，他们要有使命感和责任感，要树立远大的目标，要融入时代，不断地自我革新。时代的发展，要求大学生具有较强的学习能力，要求高校有更加现代化、满足能够培养学生内涵的管理模式。人格化的管理模式在学生内涵培养方面意义非凡，它可以巩固学生已经形成的内涵，帮助学生消除陈旧的、不利于发展的因素，开拓新的、适应学生发展的丰富内涵。

三、“学校人格化”管理的具体实施

“学校人格化”的管理工作要从以下几个方面实施。

（1）强化规章制度的管理。

（2）确保良好的学习环境和学习氛围。

（3）形成良好的精神风貌。

四、班级、宿舍人格化的具体实施

班级和宿舍是高校的基层单位，是各高校的基础。我们要从以下几个方面做好基层人格化。

（一）教育工作者发挥人格魅力

教师和辅导员是高校的教育工作者，他们的人格魅力在极大程度上影响着学生。对于新生而言，教师和辅导员在他们心中占据权威的地位，他们尊重教师和辅导员，他们对于教师和辅导员的依赖性很大。在行为上，他们会出现模仿教师和辅导员的现象。教师和辅导员是学校学生工作的组织者和实施调控者，在“班级人格化”的过程中起着很大的作用。因此，教师和辅导员要树立责任意识，以较好的生活态度、工作态度来影响和感染学生，使“班级人格化”向着更好的方向发展。

（二）个别学生发挥人格力量

在一个群体里，总会有几个领导能力突出的人，在一个班级中也不例外。这些领导能力突出的人影响着“班级人格化”，他们会带动和影响班级的其他学生，调动他们的积极性。同样，这些领导力突出的学生也会有消极的一面，也会给班级的其他学生带来消极的影响。所以，学生人格力量的发挥需要教师和辅导员积极的引导和鼓励。

（三）“宿舍人格化”管理要注重细节

教师和辅导员要选择一些工作积极主动、乐于助人、责任心强、宽容大度的学生承担宿舍管理工作，任宿舍长职位。用这些学生感染同宿舍的其他人，共同构建良好的宿舍环境和宿舍文化。

第二节 制度化管理模式

一、制度化管理及其局限性

（一）制度化管理

科学合理的规章制度可以管束人的行为，这种机制就是制度化管理。制度化管理主要是依据外在的科学制度进行管理，它同机器生产时代相伴而生。在高校中，制度化管理是运用高校制定的非常严密的校纪校规管理来约束学生，从而保证课堂纪律和校内秩序。制度化管理有利于营造学校公正透明的管理环境，帮助学生克服思想的散漫性和无纪律性。

（二）局限性

学校的制度化管理核心是教育，课堂是其实现精确管理的工具。在管理的过程中，只把侧重点放在了理性和秩序上，忽略了以人为本，在执行过程中就会有很多的局限性。首先，学校的管理建立在制度之上，缺乏人性化，显得缺乏关怀和尊重。用制度管束学生的思想和行为，将学生禁锢在制度中，限制了学生的积极性。其次，每个学生都具有独特的个性，都是独立的个体，过于要求一致性，使学生得不到尊重，忽视了学生的个人发展。同时，制度化的管理禁锢了学生的思想，阻碍学生的创新发展。所以，管理要不断的革新、求变，适应高校学生的发展，而高校的制度化管理很难达到这一点。

二、人性化管理的实质及弱点

人性化管理的实质就是“以人为本”，把人作为管理的第一要素。学校的一切管理活动，都要围绕着如何调动人的积极性、如何提高人的创造性、如何使人全面发展等问题展开。教育管理者要尊重学生，关爱学生成长，使学生的能力得到最大程度的发挥。美国的著名心理学家马斯洛将人的需要分为五个层次，其中包含生理需要、安全需要、社交需要、尊重的需要和自我实现需要。随着人的需要不断被满足，人的需要也在不断地发生变化，最高层次的需要就是自我实现的需要。所以，人性化管理的实质就是人的需要的不断提升。但是，现在我国高校有些过于追求人性化的管理，过于追求学生的自身发展而忽视了制度的约束。在这种情况下就容易暴露人性的一些缺点，比如自私、爱慕虚荣、懒惰等。因此，人性化的管理要同制度化的管理相结合，二者相辅相成，才能做好高校的学生管理工作。

三、制度化管理和人性化管理结合下的有效管理

制度化管理更加提倡的是制度对高校学生的约束，而人性化的管理更多的提倡是以人为本，要想使高校对学生管理工作的持续向好，使学生能够更好发展，就必须让制度化管理和人性化管理相结合。因此，我们要注意以下两点：第一，运用制度化管理，所有的学生都是平等的，学校的管理者对待学生要一视同仁，要求所有的学生都必须遵守学校的规章制度。第二，对学生进行制度化管理的同时，也要保障学生的基本权利，也就是说，学生的权利是需要靠制度来保障的。好的制度化管理，其实是建立在好的人性化管理之上的，将人性化管理融入到制度化管理的过程中，把握人性的优缺点。制度可以保证人性优点的发扬，同时也可以制约人性缺点的泛滥。在大多数的情况下，学生更加在意的是制度的约束功能，而忽视了制度对于学生的保障功能。这一点儿也不难理解，因为制度的约束功能是外在体现的，制度的保障功能是隐性的。

高校在制定相关的制度、管理规定时，应本着民主、平等的原则，征求全校教职员工的意见。在制定制度的过程中，最大程度地体现人性化，这样才能使制定出来的规章制度更加符合教职工的要求和意愿，学生和教职工才会主动地去遵守这样的制度，也才能充分地调动学生和教职员工的积极性和主动性。管理化制度和人性化制度相结合，才能使学校的管理制度更加具有有效性，才能在执行中避免出现偏差，发挥最佳的作用。在管理的过程中，学校的管理者，也就是教职工，要严格要求自己，学生看到老师的高风亮节之后也会亦步亦趋地追随老师的脚步。

制度化管理和人性化管理二者是相互配合、缺一不可的。制度化的管理要建立在人性化的管理之上，二者优劣互补，共同完成高校学生管理工作，为学生创造一个良好的环境。人性化管理是柔性的，制度化管理是刚性的，制度化管理和人性化管理二者刚柔并济，应用得当才能取得最佳的效果。

第三节　温情化管理模式

一、温情化的管理理念

在学生的管理工作中，管理者的方式以及理念对学生起到非常大的作用。教师在学生管理中起着举足轻重的作用，教师在确立班级的目标以及管理理念的时候，应充分考虑到学生的个性发展以及能力发展等要求，树立好的班风、师风，树立自己的威望，同时，又能跟学生成为朋友，无话不谈。在学生犯错误的时候要严厉的批评，在学生遇到困难的时候，要给予温暖和宽容。教师在管理过程中，应奖惩适当，对待同学公平、公正，让温情化的管理贯穿在班级管理的始末。要让学生从老师的身上感受到温情，这就是温情化的管理理念。

二、不同管理模式与幸福的关系

（一）亲情化是幸福的源泉

大部分学生认为，家庭幸福是自己最大的幸福。亲情来自于家庭，给人以温暖和安全感。教师在进行班级管理的过程中，要将这种“亲情”的感觉带到班级，融入到学生管理工作之中，让学生在班集体中感受到家庭的温暖，同时也拥有安全感。亲情化的管理模式，让同学们在对待同学和老师的时候，就像对待自己的家人一样，用包容爱护的心对待每一个人。班主任老师在进行学生管理工作的时候，要让学生感受到班集体就是一个大家庭，同学就是兄弟姐妹，师生情就是父母子女情，让亲情跟随者管理工作的每一步。

（二）友情化是幸福的扩展

友情化的管理模式有别于亲情化的管理模式，友情是有别于亲情的另一种感情寄托。教师要能够跟学生成为朋友，用正确的友情观引导学生的价值观，拉近与学生之间的距离。在大多数人的眼中，教师和学生之间是对立的关系。教师永远是发号施令者，而学生是接受命令者。友情化管理模式的首要任务就是要使教师和学生成为朋友，班主任要了解学生的个性能力、兴趣和爱好，要了解他们的想法，这样更加有助于教师对班级的管理。友情化的管理模式第二个重要任务，就是要引导学生树立正确的朋友观。教师要让学生了解到什么样的朋友才是真正的朋友，什么样的朋友才能跟自己共同进步、共同发展。一个人拥有了真正的朋友、真正的友情是非常幸福的一件事情。

（三）温情化是幸福的内涵

温情化的管理模式其实是一种内在的管理模式，表现的是一种温情体贴的友谊。温情化的管理模式要求教师对待学生一视同仁、平等对待、不偏不倚，对于学习好的学生要温情对待，对于学习不好的学生也要温情对待。要秉着公平公正的原则对待所有的学生。只有这样，教师才能在学生的心中建立起较高的威望，跟学生的关系也会更进一步的加深，使学生因为在这个班体集体中而倍加幸福和温馨。

（四）随机化是幸福的催化剂

所谓随机化的管理模式是指在管理的过程中。没有固定的规则，一切都是随机性的。在这个管理过程中，没有任何的规定可以去遵循，这个随机化体现在兴趣发展随机化、能力发展随机化、人与人之间的关系发展随机化。教师在班级管理过程中，对于学生是随机的管理，而不是在管理者上强加一些制度和秩序，甚至要求所有学生都是一致的。学生在班级中可以自由地发挥，去发展自己的能力和爱好，培养自己的兴趣。在这样的班级氛围中学生的自豪感倍强，从而觉得幸福。

（五）制度化是幸福的方圆

无规矩不成方圆，幸福感的产生要以制度为基础。换句话说，就是用制定好的规则和制度来管理班级，做任何事情都要在一定的范围内。学生要以制度为准绳，严格要求自己，约束自己，让自己的行为在制度的监控之下，这样才会合理、合法、合规。规则和制度对于一个班级来说是不可缺少的，班级的所有人员都要遵循这个制度。班级的管理不光是亲情、友情、温情或者是随机管理，同时要结合相应的制度化管理，这样才能达到班级管理的最大的效能。如果班级的管理缺少了制度化，那么幸福感就会缺失。

第四节　传统高校管理模式的反思

总体而言，自中国有高等教育以来，传统的高校学生管理模式就是典型的行政型管理模式。不管是清末的京师大学堂，还是民国的各类高等院校概莫能外。新中国成立之后，教育计划与国民经济的关系十分密切。国家对教育实行统一的计划管理，这种管理非常集中，在学费上实行的是全部免费，在工作上也是包分配的。学生所要做到的就是完全服从各项规章制度和教育制度的管理。各项制度和规章的制定，没有从学生的实际出发，脱离了学生的实际。

首先，在计划经济体制之下，学校完全根据国家的规定和需要办学。学生与高校之间的关系是特别权力关系。在这种关系下，学生要完全服从高校的管理，高校管理是十分绝对的。也就是说，学生自从进入到高校中，就必须严格按照高校的规定，被限制在一定的专业之中直到毕业。在这种关系下，学生和教师之间是接受与教授知识的关系。学生不能按照自己的个性、爱好和能力选择工作。

其次，学校的这种管理过于强调制度的规范和管制，忽视了学生自身能力的发展和自我约束。学生被严格限制在规章和制度之中，学校管理者用校纪校规来约束学生的行为，以一种强制的态度对学生监督、管制和约束。学生缺乏对管理的参与性，容易引起教育管理者和学生之间的冲突，影响管理的效率和效能。

在传统的管理方式中，能力评价观制约了学生能力的自我发展。对于学生的评价，能够完全服从学校的领导，遵守学校规定的制度和规范，做到整齐划一等标准就是合格的、优秀的学生。评价学生方面，是从固定的几个方面进行的，没有从学生的自身出发，没有考虑到环境对学生的影响，完全以考试分数来定胜负，不利于学生的全面发展。传统的教育模式抹杀了学生的自我发展，使人才处于被动接受地位，不利于学校培养创新人才。

在传统的教育模式下，学生管理的呈现出重知识、轻能力，重分数、轻德育，重共性、轻个性，重过程、轻结果，重灌输、轻引导五方面的特点。在这种管理方式下，忽视了对学生的尊重。在择业方面缺乏对学生的引导，对日常一些琐碎的事项管得过多，抑制了学生的自我发展。

第三章　互联网对高校学生管理模式的影响

近年来，互联网在我国得到了迅速的普及和发展，对大学师生的学习生活乃至思想观念都产生着广泛和深刻的影响。对于学生管理，一方面，互联网的普及和发展为高校学生管理工作提供了很好的发展创新的机遇；另一方面，互联网的普及和发展也带来了一些新的问题，对学生管理工作形成了极大的冲击和挑战。在这种形势下，系统分析互联网所带来的机遇和挑战，探讨应用互联网开展学生管理工作，具有鲜明的现实和理论意义。

第一节　互联网对高校环境的影响

一、网络时代的来临

（一）互联网在我国的迅猛发展

不可否认，互联网已经在我们生活的每一个角落生根发芽，对我们的生活以及传统的生产方式产生了重大的影响。它正以席卷之势扫荡着我们这个古老的星球，人类的生活方式正在经历着脱胎换骨的变化。自1994年中国接入互联网以来，中国互联网用户的数量增长迅猛。互联网在中国已表现出前所未有的生机与活力。中国互联网络信息中心（CNNIC）发布的第45次全国互联网发展统计报告显示，截至2020年3月，我国互联网普及率为64.5%，我国网民总数已达9.04亿人。

中国正在进入大众网络时代，在网民中35岁以下的青少年占80%以上，这个统计结果反映出青少年对新鲜事物的热爱，对互联网的热爱，也从另一个角度反映出网络对青少年的成长有着重大的影响。互联网带来高科技，同时也带着污泥浊水及沉渣浮滓的虚拟社会向我们冲击而来。对青少年来说，它既是天使，又是魔鬼。说它是天使，因为它给青少年铺设了通向知识海洋的广阔大道，迎来了“神童”辈出的时代；它也舒缓了人们的心理压力与烦恼。说它是魔鬼，因为它充斥着暴力、色情、赌博、诈骗等不良内容，吞噬着青少年的求知心智和原本善良的情感，也吞噬着他们宝贵的青春时光。因此，如果青少年的自我约束能力差，心理不成熟，缺乏分辨力，盲目地投入到网络当中，就会产生严重的后果。

据估计，我国有近300万青少年上网“成瘾”，当中有不少人分不清现实与虚拟世界，他们的正常生活、学习以至身心健康都受到了严重影响，甚至走上了自杀及犯罪的道路。为此，一些家长谈“网”色变，把互联网当作洪水猛兽和可怕的妖魔。“网瘾”成为社会顽疾，它不仅仅反映出家庭教育、学校教育的失误和青少年时期人格的缺陷，更反映出当今网络与电子游戏产业的繁荣背后的负作用，是诸多社会问题集结形成的。截至2020年3月，网民中网络游戏用户规模达到5.32亿，较2018年底增长了4798万，占整体网民的58.9%，其中手机网络游戏用户规模为5.29亿，较2018年底增长了7014万，占手机网民的59%，其中16 ~ 30岁的用户比例居高不下，并已成绝对主力。就像汽车工业的发达同时带来“堵车”和车祸现象频频发生一样，这是一个不可避免的客观存在的矛盾。但是，这并不意味着我们可以熟视无睹，而是应设法把“网瘾”的危害降到最低点。

为了包括大学生在内的青少年的健康成长，我们必须以积极的思维和心态去面对网络，因为网络已成为人类生存的第五要素（空气、水、衣、食之外）。那些一头扎进“网海”不想上岸的“网瘾”者和那些“谈网色变”的人，都将被时代淘汰“出局”。如果不愿悲剧发生，就需要提升自我素质，优化在线行为，打造新型、健康的“两栖型”自我，成为“两栖型”的高级人才，立于不败之地，赢在网络时代。

（二）网络改变生活

互联网作为新兴的事物以及传播手段正在日益改变着人们的工作和生活以及交流方式。它在不断改变传统的媒体，影响着大众的生活，同时也在改变政府和民众的交流方式。作为一种开放的媒体，它正在改变中国相对封闭的传统文化，以及相对禁锢的体制机制。中国社会科学院曾经在2005年、2008年和2014年做过一项关于互联网对民众生活和社会影响的问卷调查，对互联网的影响进行了深入的分析和研究。调查选取的对象分别是北京、上海、广州等大城市的16～65岁之间的男女居民，采用的是随机抽样的调查方式，入户填写调查问卷。调查样本选取了2376个，网民样本是1169个，剩下的是非网民样本。有别于传统的媒体，互联网是一个新兴的、高速发展的媒体，它的最大的特点是资源共享。它包含了各种各样的传播方式，其中传播内容涉及信息产品和服务等，扮演着很多的社会角色。首先，网民对于互联网的使用以及非网民通过传统的媒体了解互联网，会改变人们对于互联网的认知。其次，人们通过对互联网的了解，会增强使用互联网的兴趣。因为互联网可以带给我们大量的信息，有利于我们的工作和学习。这一点从调查问卷中就可以看出，把互联网看作信息中心的人占 79%，把互联网当做新闻媒体的人数占 55.1%。实际上，将互联网作为信息的传递中心，只是它众多功能中的一项，它的功能非常得广泛。

从现实的情况来看，互联网已经成为人们获得信息以及新闻的重要来源，互联网越来越多地影响着人们的生活、工作和学习。从调查问卷的结果来看，有 65.9% 的网民利用互联网看网络的新闻。这一点跟美国、英国等西方国家来比，具有独特的中国特色。因为西方国家的网民上网主要是收发电子邮件，而在中国，只有 44.8% 的网民使用电子邮件。从这个结果来看，喜忧参半。喜的是中国网民开始使用互联网，忧的是中国网民在使用互联网的层面上还只是初级的阶段，还没有充分地利用到互联网在经济活动、学习方面的功能。这个问题看似很简单，但其实是影响到国家的发展的。在工业时代，互联网其实就与铁路和公路一样，决定了国家的发展速度，它不仅只是一个传播信息的媒介，而且在国家的发展中承担了重要的基础作用。就目前来看，传统媒介在中国还占主要地位，因为人们普遍认为互联网只是一个获得新闻和信息的传播媒介，互联网在中国的普及率还很低，传统的媒体在发展上还占着绝对的优势。从本次调查的结果可以显示，电视仍是强大的媒体，在中国的普及率达到 97%；占第二位的是报纸、书籍、杂志，分别占 86%、56%、53%。互联网的普及率只有 49%，还没有达到一半，但是它超过了广播的普及率，广播的普及率仅仅只占 38%。

从调查结果来看，网民使用网络的时间已经超过了看电视人平均每天看电视的时间，并且 1/3 的网民上网后，对于大众媒体的使用时间就会越来越少。由此可以看出，对于网民来说，网络的重要性越来越大，已经超越了其他传统的媒体，这是具有里程碑意义的。从理论意义上讲，传统的大众传播媒体在社会主流中起着权威以及核心的作用，这在任何一个社会中都是必不可少的由点到面的信息传播方式。但是这种传播方式会随着时代的发展而发展，随着社会信息技术的发展变化而不断的变化。例如电视、报纸、杂志等传统媒介，它们随着技术的革新和互联网的发展，为了融入到大众生活当中，也在不断改进自己的传播方式，去粗取精，引入互联网先进的传播方式以及经验，这对传统的媒体来说是非常大的挑战和机遇。这也意味着传统的传播方式和媒体要想改变落后的状态，就必须向新技术靠拢，向新的媒体学习。这一点从传统的报纸和电视有了网络版，节目更加的人性化，互动越来越多就可以看出来。

从使用网络的情况来看，网民使用最多的前三项分别是看新闻、浏览信息、游戏和娱乐。但是从浏览信息的情况和看新闻的情况来看，网民关注的大多都在娱乐版块，娱乐之余才关注国家大事、国际国内的新闻、社会生活方面的一些信息等。需要注意的是，在我国，网民在游戏的使用上达到 62.2%，这超过了西方的一些发达国家，令人堪忧。

网络世界，让无数人感到了它的神奇和魅力。无数的网民置身于网络这个虚拟却不虚幻的世界，尽情地畅游。“知识改变命运，网络改变生活”在当下中国已经成为一种现实。近年来，随着信息技术的不断发展，互联网也在不断地发展，网民参与社会事务的机会越来越多，兴趣也越来越大，在互联网上形成了开放的民意表达的局面。像新华网、人民网等主流网络媒体，以及天涯社区等著名门户网站，为民意的表达提供了强大的平台。点击“强国论坛”（人民网）、“新华论坛”（新华网），围绕各种议题、各类事件，网民的热烈讨论尽收眼底。你有什么真知灼见，都可以毫无保留地说出来。广大网民对社会生活各种议题的观点也受到相关政府部门的高度重视，他们将网上民意视为决策的依据之一。今天，广大网民深切感到以网络为媒介的政府——民间新互动模式已经成为中国政治文明的元素。

网络传播方式为公众表达民意、参与经济社会及政治生活提供了新的舆论平台。对越来越多的网民而言，网络是他们积极参与社会管理的有效渠道，也大大提高了他们对公共事务的参与度。

互联网使人们发表意见的渠道更顺畅，政府与人民沟通的平台更宽广。在较长的时间内，老百姓多是“不在其位，不谋其政”，很重要的一个原因是“想谋也难”。在互联网时代，中国任何一个角落的百姓心声都有可能传达到共和国总理的面前，是互联网让普通人与同一时空下的更多人、更多事产生交集。“事不关己，高高挂起”的旁观者心态，被“国家兴亡，匹夫有责”的公民意识所代替。这种对公共事务的参与意识，对中国的时代发展具有不可忽视的意义。

二、互联网为高校学生管理工作创造了新的机遇

目前我国高等教育存在的诸如高等教育大众化、个性化、终身化、实用化等问题，都有望借助网络的普及而得以改变。具体说来，这些问题解决的可能性主要体现在以下几点。

（1）网络将激发学生学习兴趣和好奇心，增强学习主动性，从而促

使学生“自学自教自用”的能力得到很大提高；同时也可以帮助教师及时更新教学内容，提高教学水平，改进教学方法。这样很好地发挥了“教与学”的有效性。

（2）网络高等教育的出现打破了传统教育的时间和空间限制，使得高等教育的大众化和终身化成为可能。

（3）互联网的普及和发展使得个性化教育、按需学习成为可能。

（4）教学模式将从“教师‘教’—学生‘学’”的模式向“学生‘自学、自教、互教’为主—教师引导为主，教授为辅”的模式发展。

高校学生管理工作作为高校教育的重要组成部分，也必然受到高等教育模式转变带来的影响。近些年来，学生管理工作面临诸多困境：管理方式方法单调老套不具创新性；管理内容枯燥陈旧、理论脱离实际的现象突出；学校管理与社会管理脱节，管理社会化问题等。简言之，这些问题也寄希望于能借助互联网而得到解决。

同传统的学生管理工作相比较，应用互联网开展学生管理工作，为学生管理工作的开展提供了巨大的空间，其表现为：

（1）拓宽和丰富了学生管理工作的内容。

（2）促进了学生管理工作方式方法的转变。

（3）开辟了学生管理工作的新途径。

（4）创造了高校学生管理工作的新环境。

可以说，学生管理工作利用网络是适应社会发展的需要，也是学生管理工作自身多样性、综合性和时代性等特征所决定的。

三、互联网给高校学生管理工作带来新的挑战

在对高校大学生进行管理的过程中，互联网着实给学生管理带来了不可忽视的挑战，其主要表现为以下几个方面。

（一）对大学生政治观、价值观的影响

不可否认，网络以现代化的形式和手段将德育的内容具体化、生动形象化，对大学生学习政治理论、培养坚定正确的政治观和价值观，起了积极的推动作用。但是，网络对大学生的政治观、价值观也带来了消极负面的影响。

在互联网时代，青少年学生虽然知识丰富、爱国热情和社会责任感高，但由于其经验和阅历有限，对国情、世情体察不深，对网上出现的一些社会现象认识不深或片面，容易被西方宣传的思想渗透而西化。

（二）对大学生道德观、法制观的影响

学生管理工作的重要任务是提高大学生的道德文明程度，培养大学生的良好道德品质和法制观念，提倡职业道德和恋爱婚姻家庭美德。而网络的应用为高校德育理论与实际的结合起到了促进作用，也深化了大学生的道德观和法制观，但是，网络带来的问题也不容忽视。

（1）社会责任弱化。互联网制造出来的虚拟社会为大学生群体提供了极大的自由度，这种虚拟环境往往会使他们忘记自己的社会角色和社会责任，从而做出一些不道德甚至违法的事情。

（2）道德冷漠。如今无数大学生沉迷于聊天交友及各种电子游戏，大大减少了与他人进行可视性、亲和感的人际交往，这样容易使其对他人和社会的幸福漠不关心，失去幸福感知。另外，虚拟社会的人性特点也易使大学生的人性受到影响。

（3）恋爱婚姻游戏化。带有游戏性色彩的网恋在大学生中盛行已久，接着又出现网上同居、网婚等，在虚拟社会如此，那回到现实社会呢？

（三）对大学生心理健康的影响

网络对大学生心理健康的影响主要表现为因痴迷上网而带来的一系列心理问题，如网瘾。网瘾与其说是一种生理问题不如说是心理问题，属于一种强迫症。

四、网络环境下对高校学生管理工作创新和发展的一些思考

高校的学生管理工作由学生、管理者、管理内容方法及管理环境 4 个方面共同构成，同时，在互联网时代的大环境下，学生管理工作也受网络法律法规的健全完善程度影响，所以网络环境下学生管理工作的创新和发展也需要从这几方面来寻求突破。

（一）转化观念，提高管理者自身素质

一方面，管理者要意识到网络的强大功能，树立网络为学生管理服务的指导思想。另一方面，管理者要提高自身的信息素质，加强对互联网的理论研究，以理论促进管理实践。

（二）加强宣传，嘉奖和惩训并举

对于榜样要鼓励嘉奖，对于反面例子要适当批评和惩罚，吸取经验教训。

基于学生管理是“家庭—学校—社会”为一体的系统工程，所以榜样宣传要以学生和教师个人为中心，要以学校为阵地而逐渐向紧密相关的家庭和社会渗透，从而达到合力最强，管理实效性最大化。

（三）丰富和创新内容，发挥受管理者的积极主动性

首先，学生管理工作内容的选取要注意实效性和针对性，引导学生参与其中；其次，要注意尽量把管理制度同现实生活联系起来，调动学生的积极主动性，达到强化效果；最后，在具体内容上要加强网络道德和法制教育模块的建设。

（四）创新实施学生管理的形式和手段

长远地讲，要积极探索网络环境下学生管理的新机制，建立学生思想信息“收集—整合—调整和干预”的网络调研体系；同时，要善于运用多媒体工具甚至开发管理软件来使管理手段现代化、科学化等。

第二节　互联网对高校大学生的影响

一、大学生上网情况调查与分析

大学生作为最活跃和最富有创造力的群体，对新事物充满好奇心，互联网作为社会高速发展的产物，以其信息传播快、资源共享、内容丰富等特点让大学生心驰神往。互联网引起学生的高度关注，并且激发了他们的创新热情，使他们拥有了进行知识学习的欲望以及促进自身更好发展、提高各项技能的渴望。大学生是最先进的群体，他们追求更加自由和平等的社会氛围。互联网的优点是信息传播的速度快、内容新颖、方式先进。这些特点正好迎合了大学生的猎奇心理，引起了他们广泛的关注和兴趣，让他们更加有兴趣进行网络知识的学习和应用。与此同时，网络自由平等的氛围也吸引了大学生群体的关注，网络给了大学生更加自由、平等的空间，在这里，任何的限制都被取消了，人们是完全自由的，只要参与进来，每个人都是主人。

我国的网民占比最大的是大学生，所以，大学生上网的文明行为决定了网络文明乃至整个社会未来的文明进程。了解大学生的基本情况，知晓大学生上网的一些基本情况，对于增强高校的网络文明有重要的作用。同时，对于加强网络环境建设以及培养高素质的大学生，也具有十分重要的

意义。

交友聊天是大学生上网的一个普遍现象。网友个数少于5～6人、10～11人、20人和20人以上者的比率分别为42%、24%、14%和21%，其中16%的人交有同性网友,交异性网友者多达65%;有大龄网友者仅占4%，而有同龄网友比率高达79%；交流思想感情和相关信息是网聊的经常性话题，分别占到63%和53%，同时也有少量的胡扯和对骂现象，分别为17%和5%；12%的调查对象有过网恋经历。

调查结果表明，网民的性别不同，上网也会存在明显差异。从大多数的情况来看，女生上网的文明程度要高于男生。网龄越长、上网率越高的人，网德越好。在网民聊天儿的过程中，女生交流感情的比率要高于男生，而男生玩游戏的比例要比女生高。对网上信息的可信度以及对网络文明的一些看法等，男女生没有明显的差异。大多数的网民都是理智的，都能看到网络的两面性。网络是一把双刃剑，只要合理地规避其不利影响，合理扬长避短，互联网就会为我所用。作为新时期的大学生，我们要学习的不光是书本上的知识，更应该接受新鲜的事物，接受新的信息，而互联网就是新事物的代表。互联网是时代发展的必然产物，它的发展势不可挡。作为大学生就要紧跟时代的步伐，掌握好互联网信息，掌握新知识、新技术，提高自身的能力，做一名合格的优秀人才。

二、互联网对大学生生活影响

（一）闲暇时间利用的变化

调查结果显示，超过一半的学生都会把上网时间放在周末。无论在网吧还是学校电子阅览室，每到周末那里的生意都异常火爆。

（二）食宿时间及质量的变化

学生们经常出去通宵，影响了他们的食宿。而在通宵的过程中，只是吃一些没有营养的食物，而且影响睡眠，久而久之，就会影响学业甚至影响自己的身体健康。

（三）网络游戏对大学生的影响

（1）益处。网络可以调节人的情绪，为人解压。在网络世界中，人们可以放松和自我调节。对于大学生，学习和就业的压力都非常大，网络能够帮助大学生暂时的放松，适当地玩游戏放松一下是一种可取的调节手段。例如某些益智类的游戏，它可以锻炼人的思维和应变能力。

（2）危害。网络游戏使人沉迷于其中，进而就可能“玩物丧志”，沉迷“网游”，会扭曲一个人的心智。

（四）网络加剧了大学生的攀比与浪费

互联网的高速发展，使得电子商务也在突飞猛进的发展。网络购物已经成为人们生活不可缺少的一部分。同时，网络购物也成为大学生购物的重要组成部分，网络购物给人们生活和大学生生活带来了极大的方便。但是，它也有弊端存在。网购加剧了大学生的浪费行为，同时也会形成互相攀比的现象。电子商务采取的是一些网上电子支付的手段，例如微信支付、支付宝支付、信用卡支付等。在这种情况下，学生并没有看到实质性的货币，在网络上支付没有消费的实在感，所以，无形中加剧了他们的消费行为，使他们花钱大手大脚，导致浪费行为的发生。大学生在进行网上购物时，没有通过实物货币的交换，所以，感受不到父母挣钱的艰辛。而在现实购物过程中，使用的是实实在在的货币，学生会在这个过程中学会节省，同时在付款的时候也知道金钱是来之不易的，会考虑到父母的辛苦。在使用金钱购买的过程中还有一个讨价还价的过程，让学生感到每一分钱都很值得去花。在网络购买过程中，互联网上物品多种多样，而且因为没有实体店的成本，所以，物品物美价廉。因为价格很便宜，所以让大学生产生了购物的欲望，在网络购物时是不需要现金进行买卖的。大学生在有购物欲望时，只要有支付宝、微信等支付方式就可以购买，钱对于他们来说只是一个数字。大学生的这种购物欲望只会越来越强烈，尤其是女生，在衣服的购买上，经常产生一些不必要的购买行为，从而导致浪费甚至会产生攀比的行为。

三、互联网对大学生学习影响

（一）网络拓宽了大学生获得信息的渠道

网络的发展给大学生提供了获取信息的途径，大学生可以在网络上获取跟时代相关的千变万化的信息，同时也可以根据自己的兴趣爱好以及学科范围获取相关的知识。大学生通过网络可以不断提高自身的能力和素质。有一份关于“互联网改变你的生活”的调查问卷，调查对象是大学生群体。在得到的调查结果中，大学生认为互联网让他们开阔眼界、增长知识的看法达到了52%，认为互联网让他们的生活更加充实的占27%，也有觉得互联网浪费了大学生的时间，比例占7%。通过这个调查，我们可以看到互联网在对大学生能力素质的提高方面有着重要的作用。

（二）网络方便了大学生的学习生活

互联网的特点是共享信息、传播速度快等。网络的方便性、速度性，信息的广泛性，为大学生的学习提供了一个十分好的平台和广阔的空间。它拓宽了大学生的眼界以及求知途径，有助于大学生就业和拓宽视野。同时，网络还有一个重大的作用就是解压，大学生面对学习、就业的压力，需要一个放松的环境来调节自我，那么网络就是这样的一个平台，它可以帮助大学生提升自己的能力，进行适时的放松，从而遇到更好的自己。网络世界有很多未知的领域，有一些新鲜的事物，可以开阔大学生的眼界，培养他们的能力，发掘他们的潜力。互联网解决了大学生对于大量信息的需求，同时也解决了他们学习中的一些难题。在“你认为网上有你所需要的学习资料吗？”的调查中，调查结果显示，认为“网上有很多需要的资料”的占75%；认为“有一些需要的资料”的占25%；认为“没有需要的资料”的不存在。在“当你学习上遇到困难，寻求帮助的途径”的调查问卷中：同学商量占33%；上网求助占63%；自己独立解决占4%。根据上面两项调查结果显示，网络在大学生学习方面起着十分积极的作用。

四、互联网对大学生心理影响

（1）网络对大学生的生活方式和人际关系产生了十分重要的影响。它改变了大学生的人际关系处理方式和生活方式，大学生在网上可以自由地发表意见，可以坦诚地表达自己的观点，对于不平等的事件也可以表达不满。大学生在网络上对于学校以及管理者的一些做法和权威性可以提出质疑，这一方面增强了大学生的维权意识，另一方面也给高校思想政治工作带来一定的影响，使思想政治工作的效能不能达到最佳效果。同时，大学生上网时间过长，会影响学生的学习状况和身体状况，也会使学生形成以自我为中心的生活方式，使他们的集体意识淡泊。

（2）网络信息鱼龙混杂，有很多不好的信息会腐化的大学生的思想。这些垃圾信息会打击大学生的精神状态，例如一些黄、赌、毒的信息。大学生在上网的过程中无意中关注到这些信息，会让意志薄弱的大学生被蛊惑、被误导，这就为一些非法组织和不当得利组织制造了机会。

（3）网络对于大学生世界观、人生观、价值观的形成存在潜在的威胁。大学生在互联网上很容易接触到对于社会主义不利的言论，例如一些西方国家宣传的有关我国人权的一些不利信息，目的是用资本主义的论调影响我国的发展。有一些大学生的世界观、人生观、价值观还没有完全形成，容易被西化，甚至受到拜金主义、享乐主义等思潮影响。

五、互联网对大学生价值观影响

在网络时代，青少年学生虽然知识丰富，但阅历不足，对网上出现的一些社会现象认识不深或片面，容易被西方宣传的思想渗透而西化。网络的应用使得高校德育理论与实际得到了结合，促进了德育的发展，同时对于大学生的道德观和法制观具有深化作用，但是，网络作为双刃剑，它带来的问题也不容忽视。

网络发展为大学生提供了更加自由的平台，但是又给大学生造成一种错觉，认为这种自由是无限制的，这种虚拟环境下的自由会使大学生迷失自己，忽视甚至忘了自己的角色和担当，进而做出违法乱纪、违背社会公德的事情。

网络上各种电子游戏和交友软件容易使自律不强的大学生沉迷，把大把时间放在了网络交往上，减少了现实中与他人相处的机会，因而也不可能产生具有可视性、亲和感的人际交往，长此以往，会使其对他人和社会的幸福漠不关心，失去幸福感知，健全的人性受到考验。

大学生沉迷于网恋，甚至是网上结婚同居等行为，这对大学师生现实世界中的婚恋观造成一定的影响。

第三节　互联网对高校学生管理工作者的影响

一、互联网对高校管理模式的影响

（一）互联网改变了传统的高校管理模式，给管理工作带来了难度

在网络社会，大学生从网络上获取的信息会在某种程度上影响大学生的认知和价值观的走向，信息多元化，价值观多元化，给辅导员工作造成很大的不利影响。这些媒体的出现改变了原有的管理教学模式，学生可以比以往更快捷地获取信息，这些信息良莠参半，学生辨识能力差，在原有的管理模式下，辅导员的管理地位受到了威胁。为了更好地进行思想政治教育，辅导员们就应该以新的姿态面对新的挑战。

辅导员应该学习网络工具的应用，加强学生的思想品德建设，帮助学生建立正确的“三观”。

（二）学校管理工作的主体地位受到威胁

大学生的上网时间不断增加，网络已经成为生活中的一部分，学生受到网络影响越来越深。网络的多元化影响着同学们思维方式的多元化，思想教育的主体地位受到了威胁。教师的思想教育在网络的威胁下，不占主体地位，易被学生们忽视，教师要有及时进入网络管理工作的角色准备。

二、互联网对管理工作者素质的影响

（1）管理者要不断提高自身的能力，与时俱进，能够在纷繁复杂的网络信息中去伪存真，得到自己所需要的信息，这样有利于增强学生管理工作的效能。

（2）学校管理者要坚定自己的政治信念和共产主义理想信念。只有这样，才不会在五彩缤纷的网络世界中迷失自己，才能更好地引导学生形成思想道德观念意识。

（3）学校的管理者要熟练应用计算机以及与教育相关的软件。只有这样，才能满足学校的思想政治教育工作需要。管理者只有不断学习，不断提高自己，才能在思想政治教育工作中发挥自己的特长，提高工作效率。

除此之外，高校的管理工作者还要熟练地应用网络。利用先进的媒体传播信息，与学生交流互动。学校应该在网络知识方面对教育工作者进行培训，或者作为高校学生管理工作者，在学校没有培圳之前，自己也要抽时间主动充电学习。都说“活到老，学到老”，作为教师的我们也要积极为学生树立榜样，只有管理人员具备了相关的网络能力，才能在日常的工作中发挥好网络优势，才能真正做到提高管理工作效率。

第四章 互联网背景下高校学生管理模式的创新路径

我国现阶段的高等教育已经从原来的精英教育迅速转化为大众化教育，受教育者的求学情况、知识基础与以往相比发生了很大的改变。政治辅导员和班主任要指导学生正确面对竞争、面对择业、面对压力，引导学生规划人生，培养学生有宽广的胸怀和健全的人格，努力把德育渗透到学生成才、就业的全过程，要主动管理育人，提高工作效率和工作水平，创造更好的育人环境和氛围。

第一节 融入开放性的思想

一、建立优秀的管理团队和制度

学校高层领导应加强对学生管理工作的重视，加强认识，努力培养出素质高、能力强、经验丰富的学生管理工作者，经常性地组织并开展对各分校、教学点学生管理领导干部的专业培训，邀请较高水平的专家讲座，全面提升学生管理干部的素质。通过各种方式组织开展校与校之间学生管理工作的交流，请学生管理工作突出的管理人士讲解、传授管理经验，并通过讨论交流，达到共同提高，共同进步。以校本部为载体开辟全校性学生管理工作专项窗口，广泛讨论发表管理体会，创建全校性学生管理专刊，组织系统内投稿，把学生管理工作真正落到实处。

学校应建立导学教师引进、培训、考核、交流的整套制度。完善引进程序，严把入口关，力争把有能力、责任心强的导学老师引进来。建立严格的导学教师培训、考核制度。导学老师应对以现代计算机网络为主的多媒体现代远程教育技术有较深的掌握，能熟练运用计算机网络等媒体技术获取教学资源，并能配合辅导教师进行教学资源的整合，组织和指导学员开展网上答疑、BBS讨论、双向视频等网上教学活动，利用QQ群、E-mail等与学员进行日常沟通。完善导学老师的流动计划，打破以往导学老师队伍建设的封闭体系，激活用人机制，拓宽导学老师出口，加强导学老师的交流和提拔，解决导学老师的后顾之忧。

解决导学教师流动性较强、流失率较高的问题，必须加强导学教师的专业化建设，其中最主要的就是更新观念，尤其是更新领导的观念，全面提高导学老师的综合素质。导学教师在工作了一段时间以后就会积累一定的工作经验，也会认识到自身不足。如果学校能制定一套完整的培训机制，给他们更多的培训学习的机会，不管是对学校还是对导学老师本人来说都是双赢的。另外，还可以加强导学教师之间的沟通与交流，使导学教师的业务能力不断提高，确保导学教师在工作中发挥应有的作用，保证开放教育学生的培养质量。

二、注重培养优秀的学生干部

高校要注重优秀学生干部的培养，一个好的学生干部可以引导学生群体向好的方向发展，同时可以为老师减轻教学负担。学生干部在帮助老师做管理工作的过程中，可以提高自己的能力，将自己所学很好地运用到实践当中。高校在选择培养学生干部的时候，要一视同仁，以人为本。要从大局出发考虑学生干部的培养问题，广泛地听取学生教师的意见，民主地评选学生干部。不能因为一些小的问题而影响学生的发展，也不能选拔那些道德品质有问题的学生任学生干部。要知人善任，任人唯贤，疑人不用，用人不疑。高校在用学生干部时，要信任他们，并且给以尊重，让他们充分发挥个人的能力和魅力。

学生干部队伍应真正发挥先锋模范作用，真正发挥战斗堡垒作用。学校应健全团支部、学生会组织，主动让学生组织成为学校与学生、教师与学生沟通的桥梁。应通过民主推荐、个人竞选产生学生干部队伍。结合开放教育类学生的生理和心理特点，通过学生干部开展广泛的思想交流。

三、通过加强校园文化氛围引导学生的学习和发展

开放教育的学生大多以参加远程教育学习为主，这些学生有着强烈的孤独感，他们渴望交流，希望像普通高校的学生一样有丰富的校园生活，感受来自同学的支持与友谊。学校应主动提供学生情感交流、培养兴趣和寻求帮助的平台，促进学生之间的交流沟通，传承成长经验，解答学生疑惑，碰撞智慧思想，传递情感关怀，培养同学友谊，消除学习孤独感，增强学生对开放大学的身份认同感、归属感和凝聚力，营造积极向上的校园文化氛围，促进学生的管理、学习和发展。应经常性地开展校区、班级之间的各种比赛活动，增进学生之间的友谊，吸引学生积极参与和交流。

第二节　坚持以人为本的理念

以人为本就是一切要从人出发，要尊重人。从管理模式的发展来看，以人为本的管理是高校学生工作管理模式的必然选择。高校的管理模式要一切以人为本。高校管理模式的对象是大学生，大学生占据主体的地位，所以要充分调动大学生的积极主动性，让学生广泛地参与其中，这有助于我们高校的学生管理工作。在学校的管理过程中，要充分尊重学生，维护他们的尊严，注重对他们个人能力、兴趣、爱好的培养。高效管理工作以人为本的目的是要实现人才的可持续培养和发展，为社会贡献力量。

以往，高校的管理模式是以经济利益为前提的，现在的高校管理模式要注重人的全面发展，对人的全面发展进行投资。在大学生与高校的利益冲突时，要采取以人为本的发展模式，提倡关注学生的利益。在这个过程中，并不是一定要放弃组织的目标，而是要把人的目标融入到组织的目标中，也就是人的目标是组织目标的一部分。高校学生管理工作坚持以人为本的思想，也就是要调动学生的积极性、主动性。以学生的需要为根本，就是要求高校在学生管理中，把教育对象也就是大学生的利益放在第一位，全心全意地为学生服务。高校树立以人为本的管理理念，在无形中就会对学生产生影响，营造为学生服务的良好氛围。高校管理的各个层面，从行政管理到后勤服务都要进行理念革新、工作创新、观念转变。转变过去的那种以教育者为主的管理模式，变为以学生为主的以人为本的管理模式。学校的管理和教育等一切工作的出发点都要以大学生为中心，以促进发展大学生的各方面能力为基础，全面塑造德、智、体、美全面发展的学生。重要的是要理解学生、爱护学生、尊重学生，维护学生的尊严，促进学生的发展。

二、实现以人为本的管理模式的必然性

学校是为国家和社会培养人才的主要阵地，肩负着为国家培养建设者和接班人的使命。在现行的高校管理制度中，很多管理方式存在弊端。例如，现行管理模式的目标比较抽象，形式比较僵化，人性化的管理模式克服了这一弊端。高校的学生管理工作和其他工作一样，追求的目标都是为了培养人才。所以，以人为本的管理模式适应了时代的需要。人性化的管理模式是以德服人、以情感人，通过这种模式可以提高管理的效率。以人为本的管理模式充分注重人的全面发展和自我能力的实现，尊重被管理者的才

华以及尊严，使被管理者在精神上得到满足，所以能调动他的积极性，使其全身心的投入到学习和工作当中去，从而提高管理的效能。以人为本的管理方法注重情、理、法三者的统一，也就是教育人性化。在高校采取以人为本的管理模式，要以学生为中心，一切要尊重人的需求，尊重人的能力，尊重人的心理和情绪，这些都是高校教育管理者要考虑到的问题。高校是为国家和社会培养栋梁人才的基地，在培养人才的过程中，要充分调动人才的积极性，二者相互配合才能达到最终的目标。要为学生创造轻松愉快的氛围，激发他们的创造性和创新性，学校必须要采取以人为本的管理模式。第一，要转变教育的观念。树立先进的人才观念要与人才进行互动，而不是一味地苛责和要求人才，而要从人才的需求出发去考量。要不拘一格降人才，管理者培养人才要着眼于未来发展的需要。第二，在学校管理过程当中，要提高管理者的素质，要聘用那些具有人格魅力的管理者。在目前的情况看来，有些学生不能接受学校现行的管理模式。这就说明现行的管理模式已经不能适应时代的发展，高校必须做出改变。随着我国高校的扩招，招生的规模越来越大，对于学生个性的培养以及激发学生创新能力高校要加以重视。高校必须要抓住学生这一根本，转变高校的教育理念，提升教师队伍的素质。采用以人为本的管理模式，对管理者提出了更高的要求。学生和教师的共同发展，可以促进学校培养人才目标的实现，这是广大学校所共同追求的目标。所以，以人本化的管理模式是我国高校的必然选择。

三、构建以人为本的学生管理模式

（1）加强对学生的认识。高校学生管理工作的管理对象是学生，重点也在学生，不管是学校目标的制定，还是教学方式以及任务的确定都要以大学生为中心。高校要加深对学生的了解，加强对其本质的认识，洞察学生发展中矛盾的存在。任何一名学生都是独立的个体，都与社会有着千丝万缕的联系，不可能孤立的存在。所以，在学校的管理过程中，高校要加强对学生的认识，了解学生对教育环境的感受，使学生对自己定位明确。如果不能对学生做到深入的了解，洞察学生的需要，高校的学生管理就是无本之木。高校必须要全面了解学生，考虑到他们的各种状况，重视他们在管理中的作用，从而提高高校管理教育的效率。

（2）第二，营造以人为本的校园文化环境。校园文化环境是指学生生存其中、受其影响的所有外部因素之和，分为校园物质环境和精神环境。如图 4-1 所示。

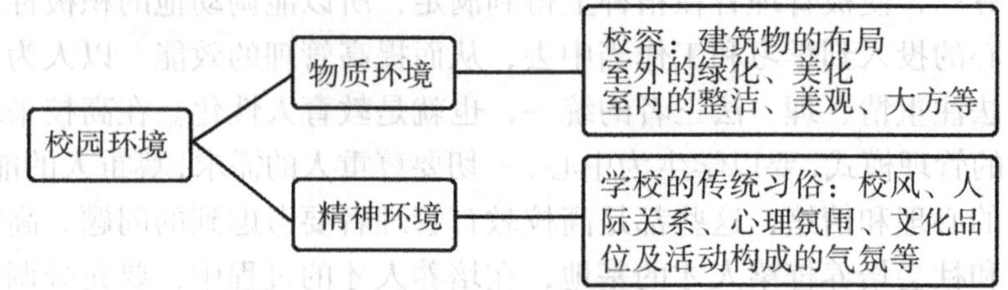

图 4–1　校园环境

人才的培养和养成是在一定的环境中进行的，所以环境对于人才的培养具有十分重要的意义。环境可以塑造人，也可以对人产生不利的影响，反过来也会塑造环境、影响环境、改变环境，因此，进行人才培养，就要使环境和教育协调统一。就高校而言，学校的文化环境对人才培养有着不可低估的作用和意义。

（3）构建以学生为中心的管理模式，实现学生自我管理。要实现学生的自我管理，就必须实行“以人为本”管理模式，做到以学生为中心，一切从学生出发。因此，高校要做到以下两点：一方面，确保学生在学校的主体地位，尊重、爱护学生，激发他们的热情和创造力，使他们拥有自主权利；另一方面，对学生负责，为学生服务，积极实践学生的“自我管理、自我教育、自我约束、自我服务、自我发展”等。

四、管理过程中出现的偏差

虽然我们的理念是正确的，但是在实施的过程中也难免会出现问题。在教育学生的过程中我们有时会忽略学生的位置，教学过程中缺乏互动性，这就需要我们调动学生的主动性，使其主动学习。

要注重启发引导，避免单一的知识灌输。教师要避免灌输式教学，要让学生充分进行思考和理解，全面掌握知识。不能不给学生思考的时间，只让学生被动接受，这样学生根本没有把知识点转化成为自己的知识，学到的也只是书本表面的知识。有句话说得好，大学生毕业后还能记得的知识才是他在学校所学到的。然而，学生毕业后剩下的知识还有多少？他们学到的知识如果没有被内化转为自己思维构成中的一部分，我相信这一部分知识是没有学到的。学生的主观能动性被忽略，失去了理解、互动、判断的内化过程，这样的大学生就失去了独立思维判断的能力，等他们步入社会以后可能会茫然不知所措，不知道自己以后的道路该怎么走，不知道怎样去适应这个社会。课堂上学生除了认真地学习课堂知识，课外也需要加强自身学习。如果只是掌握课堂上的知识，但是没有课堂外的动手能力的培养，这样的大学生也是不合格的大学生。优秀的大学生不光是看成绩单，还需要各方面综合素质的培养，必须进行科学知识和动手能力的双重培养。学生在校期间除了学习课本知识以外还要注重提升自己的社交能力和实践能力，只有这样，才能满足社会发展对人才的需要。

五、学生在管理中的问题

高校学生通常叛逆心理较强，不希望被控制，希望自由，不喜欢被约束，不喜欢规章制度，喜欢自由自在。针对高校学生的这一特点，我们可以调动学生的主观能动性，使学生转换观点，不要让学生觉得自己被约束，让他们觉得自己是自由的。从“要我学”变成“我要学”，可以多让学生参加课外活动，多参加社团、学生会，使学生通过管理学会自我调节和自我管理。同时我们需要有更多的激励方式来调动学生的积极性，从而更好地自我管理。对于在学生管理方面表现出色的学生应该予以必要的精神鼓励和物质鼓励，这样学生才能够更好地自我管理，更好地推进管理模式，形成良好的管理习惯。

六、加强以人为本管理

做好学生管理工作，需要大家不断地努力，通过多和学生沟通，了解学生，从而更好地做好学生管理工作。要立足于学生所需、学生所想，实实在在地为学生做好服务。在管理方面，教师应该更多地阅读教育学方面的书籍，更好地了解现阶段学生的心理状态，知道怎样处理出现的问题。做学生管理工作的老师需要有满腔的工作热情和无私奉献的精神，时时刻刻关心学生，了解学生的需要，这是一名管理者应该具备的。当然，教师也需要合理的晋升培训机制，更好地鼓励管理工作做得好的老师，只有这样教师才能更有动力。

高校管理工作是一项责任重大的工作，高校管理工作要围绕学生的基础需要，立足于学生的发展，更多地是做一个好的引导者，让学生朝着更好的方向发展，这才是管理者在以后的工作中需要加强的。

第三节　提升教育服务意识

一、教育服务理念为高校学生管理改革提供内部驱动力

我国高校的教育服务理念是培养合格人才，在此基础上塑造人、改造人。这是具有很大的合理性和教育意义的。但是，要怎样实施和执行这个教育理念，是需要我们进行深入思考的。长期以来，人们一直受一种片面的理念指导，高校把学生当成是一种商品进行加工，教学理念十分僵化。这导致我们不能深入理解教育同社会及个人的关系，教育沦为无本之木，缺乏理论和政策的指导。树立正确的高校教育服务理念，有助于增强高校的责任感和竞争意识，有助于高校更加关注社会需求，更好地为社会培养人才。树立高校的教育服务理念，有助于推动高校与时俱进的进行改革，有助于高校准确把握市场的动向，有助于高校提高服务质量。高校进行学生管理改革的动力是管理者已经认识到改革势在必行，同时也认同改革的效果。只要高校的管理者认为高校有了改革的需求，就会有动力进行改革。高校管理者树立高校教育服务理念，就是要实现以下三个目标。第一，期望形成一套成熟的教育服务理念；第二，提高高校的服务意识，改变对学生的态度，激发学生创造力和能动力；第三，认识到传统管理模式存在的问题并进行改革。树立高校教育服务理念，目的就是一切从服务对象出发，一切为了服务对象。服务对象是高校教育服务理念的出发点和落脚点，将服务对象也就是学生的满意度纳入到学校学生管理的绩效考核中，客观地进行评价，找出不足，进行改正。在新观念、新方法的指导下，努力改变学生对学校管理的态度，让师生之间形成良性的互动，推动变革的发展。

二、教育服务理念为高校学生管理提出新的目标

传统教育理念培养人一般只要求听话、驯服，而不注重独立思考能力。教师培养学生追求“齐步走”“整齐划一”，对学生个体之间的差异和个体特征重视不够，因而培养出来的学生往往缺乏创新思维，很难适应时代发展的需要。

学生是共性和个性的统一。共性是指学生的群体属性，个性则指学生的个体属性。处于同一年龄阶段的学生，由于他们生命过程和生活经历的相似性，他们的身心发展在同一规律支配下，表现出某些相同或相似的属

性和特征，即共性。但这些共性只是相对而言的，由于个体间遗传因子、家庭背景、社会环境及教育影响的差异，学生的身心发展无论是在内容上还是在水平上都是千差万别的，学生的性格、兴趣、爱好、智力、能力不完全相同，即具有个别差异。这种个别差异是绝对的，是不以人的意志为转移的。这是学生管理必须面对的事实。

树立高等教育服务理念，不仅能够让我们意识到学生共性和个性的差异，还能够让我们意识到："高等教育服务的生产者是教育工作者，他们通过消耗智力和体力，而生产出适合不同教育对象需求的，具有多方面性能的教育服务，处在生产领域。学生则是高等教育的消费者，处在消费领域。"这种理念为高校学生管理实践提出了新的目标。作为提供教育服务的教育者，在学生管理中应以学生为本，尽量满足学生的需要。不同的学生有不同的需要，同一学生不同时期的需求层次也不尽相同，需求的多样化就决定了教师工作的复杂程度。

三、教育服务理念为高校学生管理创造新型师生关系

传统的教育理念认为，学生是教育的客体，教师是教育的主体。受这种教育理念的影响，在学生管理中，教师和学生之间是管理者与被管理者的、等级式的、指挥与服从的关系，它扼杀学生主体性、自主性和主观能动性。

树立高等教育服务理念，要求教育者重新审视以前的师生关系，树立起新型的师生关系，这意味着教师必须改变角色意识，树立服务理念，从提高服务质量、保证消费者满意的角度出发来考虑一切，才能做到因材施教。从学生来看，意识到接受高等教育是对高等教育的消费，意味着他们必须树立独立意识和自主观念，他们必须对自己的选择和行为负责，不能完全依赖学校和老师。这种新型的师生关系有利于学生管理中师生平等地、朋友式地、相互尊重地交流对话。

四、教育服务理念为高校学生管理的评价提供新的依据

无论什么条件下，任何一所学校的学生管理都有获得良好效果的预期。不同时期，人们衡量学生管理质量的依据不尽相同。传统的教育理念从管理者的角度出发，管理质量意味着管理特征对组织的规定与要求的符合程度。这一视角使组织更关注效率，即用最小的成本获得最大的收益，而看不到不同的被管理者对同样的管理感知不到同样的质量水平。

树立高等教育服务理念，衡量教育质量的标准则主要是服务对象的满意度。这一视角更关注服务对象需要的满足。与传统理念相比，这一理念已经意识到了不同的服务对象会对同一产品感知到不同的质量水平。当学生或家长感知到满意的服务时，也就是他们对所有服务特征的期望都得到满足或超额满足时，他们把整体服务感知为优质，并因此对学校和教师保持忠诚，从而对学校产生归宿感。用满意度来衡量学生管理，传统的强迫式的管理方法必然失去效力，这就促使学生管理者转变理念，认真研究学生，了解学生身心特点，了解学生需求，创新教育方法，来满足学生需要，从而为高校学生管理提供了新的衡量依据。

第四节　创新管理方式

一、当前高校学生管理工作的主要问题

（一）管理体制落后

在单一计划经济体制运行下，传统的高校管理体制存在很多的弊端，体现在管理观念落后、教育手段落后，不能紧随当今社会和经济的发展。随着市场经济的发展，高校的学制和课程从固定变为灵活，大学生的就业问题也从原来的包分配到现在的灵活就业、自主择业，传统的教育管理体制已不能适应灵活多变的市场经济的发展。大学生是思想先进群体的代表，他的世界观和价值观随着社会的发展而不断变化。随着经济的发展、改革开放的深化，我国的社会物质文化和精神文化都在不断地丰富，都在发生着前所未有的变化。经济政策和体制也会随着经济的发展而改变。在这种环境下，大学生面临着广阔的舞台，他们更加追求自由和个性，思想也更为独立。传统的高校管理体制已经不再适应社会的发展，时代的发展要求高校的管理体制也要发生变化。

（二）学生管理人才缺乏

社会发展由人的发展所决定，那么高校的发展也由人的发展决定。要建设高水平的大学，就要注重高校的管理工作，而人是管理工作的主体。所以，在高校进行高水平学校建设的过程中，必须要引进管理人才，必须要重视引进人才这项工作，不能轻视人才的作用，要注重科研和教育人才的引进。目前，我国高校的学生管理队伍水平参差不齐，面临着人数多但

整体水平差的困境。这样的管理队伍，已经无法适应新时代高校教育改革的需要，因此，当下引进一支高素质、高学历、专业过硬的管理人才队伍是高校进行教育改革的决定性因素。这些管理人才队伍专业扎实、思想坚定，能够推动我国高校教育改革，他们的创新精神也能为高校的发展提供强有力的动力。

二、高校学生管理工作创新的必要性

（一）管理工作创新是培养高素质人才的需要

随着教育改革的发展，高校可以根据自身的特点制定符合本校实际的学生管理制度与规定，但这些规定不应与国家的法律法规相悖，不能违背大学生的成长规律，不能违背人性特点，同时，还要体现创新性。因为管理创新是人才培养的需要。要体现管理制度的科学化和创新化，就有一个理论科学和创新的问题，不仅需要研究法律与青年学的相关理论，还需要研究管理学方面的理论，同时更应将管理学、法律学、青年学有机结合起来，形成理论上的创新，推动实践创新。因为大学生的培养不是一般的培养，是要将有着一定知识的青年培养成德智体美全面发展的创新型人才。换言之，这种管理的最高宗旨是要促进学生全面发展，使其成为国家的建设者和接班人。管理创新不仅是教育理念、教育方法的创新，还应该包含人才培养模式和学生管理工作上的创新。

（二）管理工作创新是高等教育大众化的需要

自 1999 年高校扩招以来，招生规模不断扩大，学生人数不断升高，所谓的“精英教育”渐渐被大众化的教育模式所取代，大学生的整体素质和层次也在发生着巨大的变化，这对大学生管理工作是一个不小的挑战。高校学生管理工作只有积极创新，不断探索，才能适应高等教育大众化发展的要求。

（三）管理工作创新是服务学生的需要

在以学校为核心的管理体系中，综合利用好各种服务机构，加强统一指导，能为学生的成才提供一个更加完整、科学、有序的体系和空间，使学校的管理和服务更加快捷、完备。学校管理可以科学整合各种资源，增强教育管理能力，在高校管理体制下诞生各种健全、富有活力的社团组织，为高校创造丰富多彩的科技文化氛围，为学生素质的拓展提供更加立体的空间，对学生个体知识结构的完善、个性的培养和素质的拓展发挥积极作用。从管理和经营角度创新高校的统一管理思想和教育理念，为学生的成才和教育机构的育人提供更加优化的内外环境，有效保证高校连续扩招后教育管理质量和学生素质的稳步提高。

三、全面创新在高校学生管理中的应用

（一）高校创新发展战略的制定为全面创新指明了方向

高校在战略措施的制定上，要找准切入点，突出特色，坚持特色办校，将有限资源用于战略性、关键性的发展领域，使之发挥最大的效用。高校的优势来源于管理者将内部所具有的专业特色优势，人才优势、学术科研成果、管理经验、资源和知识的积累，整体创新能力等多种因素整合。只有建立在现有优势基础上的战略，才会引导高校获取或保持持久的战略优势。推进特色办校战略，就是不仅在某一学科或专业上有特色，而且尽可能在某一领域中有特色。

（二）创新文化的建设是实现高校全面创新的源泉

各种创新活动都离不开高校创新氛围这个基础，如果高校中人们的思想僵化，思路不清、机械、呆板，满足现状，不思进取，缺乏创新欲望、动机，对创新举动不予理睬甚至百般阻挠就不可能形成强烈的创新氛围。据研究，国内外的一些著名高等学校，其保持长盛不衰的活力之源就是独特校风的延续和更新机制的存在。

（三）技术创新是实现高校全面创新的手段

现代信息技术对教师的学科知识结构以及掌握现代化教育技术的程度提出了更高的要求，引起教学方法和手段的现代化及课程内容的更新，影响教学过程和人才培养的过程。对大学生的思维方式、行为模式、价值观念、政治倾向等都产生深刻的影响。

（四）创新制度设计是高校实现全面创新的保障

任何一个制度和政策设计的终极目标都是要最大限度地激发人的积极性。高校必须承认个人在发展中的独特性，建立“以人为本”的有利于学生创新思维、创新能力培养的管理制度，既有利于充分发挥学生的学习积极性，又有利于充分发挥教师的教学积极性。

（五）学习型组织是高校实施全面创新的必然选择

随着我国高等教育向大众化阶段的迈进，高校办学规模不断扩大，管

理幅度和管理层次也相应增加，高校实际上已经成为一个复杂的组织系统，传统的金字塔式的组织结构已很难适应知识经济的要求。因此，应改变组织结构，建立一种有机的、高度柔性的、扁平的、符合人性的、能持续发展的、充分发挥员工的创造性思维能力的组织。

（六）全时空创新在高校学生管理中的应用

全时空创新即每时每刻都在创新，使创新成为涉及学校各个部门和师生员工的必备能力，而不是偶然发生的事件。这就要求在课程体系中增加创新能力的训练和综合实践课程，提高学生在亲身实践中发现问题、解决问题的能力，进而激发灵感。

教师要更新教育观，转变教育思想，改变常规教学方法，把知识的最新成果以及学术界正在争论的问题随时融进教学中去，身体力行站在创新的最前沿。况且，在全球经济一体化和网络化的背景下，高校应该考虑如何有效利用创新空间，在全球范围内有效整合创新资源为己所用，实现创新的全球化，即处处创新。

（七）全员创新在高校学生管理中的应用

全员创新要求师生必须学习、学习、再学习，不仅要系统学习掌握基础的现代科学文化知识，而且要钻研某一专业方面的前沿领域，做到博与专、基础与特长的和谐统一，既要加强当前的阶段性学习，更要强调终身学习，不断增加新知识、新技能，保持良好的知识结构。高校学生管理人员再也不能像以往那样用传统的组织手段来指挥一群富有知识、渴望创造的教育工作者，必须不断探索高校学生管理中的新规律、新问题，研究现代化高校学生管理的新的方法论，寻求新形势下行之有效的管理方法，努力增强高校学生管理的科学性和艺术性，不断提高管理成效，用信息化管理方式取代传统管理方式，更要学习借鉴国内外先进的高校学生管理经验。

（八）全面协同在高校学生管理中的应用

正常的教学秩序需要稳定的教师队伍和部门间的协同管理创新。目前，高校规模的不断扩大使得高校学生管理创新呈现纵向的多层次和横向的多部门性，并且相互依存。无论从高校教育和教学管理的主体还是从客体来看，都不可避免地会出现利益和要求的多元化局面。高校学生管理中的协同创新行为是高校多个部门创新的组合过程，必须让所有参与协同的部门了解当前高校组织创新的实际情况，这不仅有利于单个部门的创新，而且在创新的过程中能进一步增进相互的理解和信任，利用部门间相互协同创新，增强高校的凝聚力，提高高校的管理效率和创新能力，最终实现解决矛盾、缓解纠纷、消除内耗，达到整体创新的目的。

第五节　网络资源的有效利用

互联网已成为高校学生管理工作中不可或缺的一部分，给高校学生管理工作带来机遇的同时也带来了挑战，如何充分发挥其独特优势，避免具体工作实践中的局限性，创新管理模式将是新时代下高校学生管理工作取得成功的关键。

一、网络化平台的概念

网络化平台指的是在对计算机网络进行应用的前提下，处理各方面的工作。在各个区域网的基础上提供所有的支持服务系统，通过系统提供工作内容的开发工具，可以导入多种类型的文件，提供连接和有机整合的功能，对各项工作进行全面、系统的管理。可以说在很多领域内，网络化平台都能作为一种管理的工具，可以快速地添加、赋予和删除不同的权限，并且作为一种高效的交流工具，对各种功能都能够很好地予以满足。

二、现阶段网络在学生思想教育中的应用现状

为了使网络信息技术能够很好地被学生所应用，并且将高水平的网络化平台构建起来，我国很多院校对校园内的网络平台进行了不断的完善。特别是近几年，网络化开始在校园中广泛普及。作为最先进的传播手段，网络的开放性、综合性、全球性、交互性的特征使得更多的交流机会和畅通的渠道在不同文化与事物之间相互传播，给社会的发展带来了巨大的推动作用，也给人类的发展带来了促进作用。网上的信息相对复杂，虽然有很多有益、健康的信息，但也不乏一些迷信、黄色、反动的信息。有关数据统计显示，我国60%以上的学生都接触过不健康的网络信息。不健康信息对于未步入社会大门的学生来说，势必会带来一定的负面影响，对学生的思想道德与行为习惯都会造成负面的影响。因此，构建绿色的校园网络平台就显得非常必要。

（一）网络化有助于掌握学生的思想道德状态

思想政治工作人员或者班主任教师能够利用这项技术对学生进行更真

实迅速的了解与掌握，在提升学生思想政治工作的过程中能够更加有针对性，尤其是一些能够引起学生普遍关注的社会和校园热点问题。随着信息时代的到来，学生都喜欢将自己的思想观念以电子数据的形式反映在网络上，互相之间进行讨论与交流。因此，教师可以利用网络平台第一时间获得学生的真实想法。教师可以利用学生对网站的搜索、整理及分析，找出有效的方式，及时地发现学生的思想波动与误区，对学生的思想政治方面给予正确的引导。

（二）网络化有助于改进思想道德教育模式

传统的教育方式只是通过教师在课上或课下的口头引导，或是凭实践经验举出一些例子来进行教育。这种教学模式存在很大的弊端：一是没有认识到思想教育在学生发展中的作用；二是学生虽然明白老师是在激励自己，但是由于教师的讲解缺乏生动性，使得学生在意识上很难接受。面对这样的情况，利用网络化平台对学生进行思想教育的过程中，能够将大量的信息呈现出来，为学生提供丰富多样的素材。这些极具感染力的素材使得学生不再感到枯燥无味，从而积极地接受。此外，在对学生进行思想教育的过程中，网络平台传递的及时性可以更加快速地将信息传递出来，使学生们感到思想教育工作无处不在。

（三）网络化有助于净化思想道德素质内容

随着网络时代的到来，更多的网络技术与信息被广大学生所认知和应用，但是由于学生的自控能力普遍较差，很少将其用在合理的方面。因此，学生容易受到网络上不健康信息的污染，影响自身的思想道德的培养。在此背景下，学校网络平台的搭建很好地解决了这方面的问题。学校网络的安全系数比较高，在对学生进行思想教育的过程中，会大力宣传绿色教育，强力抵制那些不健康的信息，这在一定程度上会转变学生的思想观念。通过学校网络的思想教育，学生在课余时也会自觉抵制不健康因素，明确自身思想发展的方向。

（四）网络化有助于拓宽思想道德教育的视野

现阶段，随着网络技术的不断发展，已经实现了在第一时间收集世界上的全部信息，不受空间和时间的限制，对于传统信息沟通方式不能解决的问题进行有效的解决。因此，学校网络平台的建立，能够给思想教育提供更加宽广的平台。同时，学校网络平台在对学生进行思想政治教育的过程中，学生能够及时下载需要的信息，网络平台会对学生的思想发展情况进行详细的存储，将更多的教育时间提供给非教育者和受教育者。利用网络的特性对学生进行思想政治教育，解决了传统思想教育的时间、空间桎梏，给学生提供开放性、全社会的教育空间。相关人员在对学生的心理进行分析时发现，在教学时，通过听觉与视觉相互结合，能够将学生认识事物的能力提升65%。因此，利用网络进行教学可以对学生的思想进行准确、快捷的了解。充分应用网络信息的优势，不断扩展思想政治教育的渠道和空间，为大学生提供更为有效、更为新颖的思想教育方式，拓宽学生思想政治教育的视野，丰富学生的思想。

三、网络对高校学生管理工作的影响

随着信息技术的发展，互联网作为一种新媒介已成为大学生工作、学习与生活不可缺少的一部分，在高校已经很难找到不上网的学生，网络行为越来越成为大学生的一种生活习惯。而作为网络的主要使用者，大学生的意识形态及行为方式也深受网络的影响，他们逐渐倾向于在网上发表自己的各种看法、愿望和意见等，并开始通过网络来表达对与自己息息相关的学生管理工作的关注和诉求。在实践中，网络技术也不断地被运用到高校学生管理工作中，这给我们的工作带来了机遇，但也伴随着挑战。一方面，网络技术的应用使学生管理工作变得高效、便利且人性化，但另一方面，由于网络自身虚拟化等特征，也使我们的教育管理环境变得复杂化，这对高校学生管理人员提出了新的要求。如何运用好网络这把“双刃剑”，充分发挥其独特优势为育人管理服务，将是高校学生管理工作能否取得新突破的关键。

四、利用网络平台强化对学生的管理

在对学生进行管理的过程中，网络平台的构建对于强化学生的管理工作会带来巨大的帮助，其中主要应用在以下几个层面。

（一）强化了学生思想管理工作

思想能够影响一个人的行为，尤其是对于学生来说，他们的思想还存在着一些不成熟的方面。学校利用网络平台，可以将社会上最新的消息传递给学生，使学生第一时间接受最为先进的思想引导。例如，可以利用《人民日报》的中文网站进行消息的获取。自从该网站建立之后，每天都会被浏览8万次左右，有一亿多字会被读者进行提取，可见其功能之强大，也从另一层面映射出来网络的重要性。

此外，学生在学习过程中会经常遇到种种的困难，思想波动的情况时有发生，教育人员可以利用网络将学生反映出来的情况及时地进行汇总，制定合理的方案，实时关注学生的思想变化情况，随时关注学生思想上的波动。

（二）强化了学生心理健康教育

不管是哪一阶段的学生，都容易出现心理上的波动，对于学生的身心健康的发展都会带来严重的负面影响。加之网络技术的出现，虽然丰富了学生的视野，但也有很多学生因为迷恋网络迷失了方向，心理上也蒙上了一层难以散去的阴霾。面对这样的情况，学校利用网络平台对学生的这种不健康的心理会进行正确的引导，用健康的网络来代替那些有害的网络信息，通过网络信息对学生的心理特点和思想脉搏进行有效的掌控。

（三）强化了对学生学习上的管理

学习是学生的本职。随着教育改革的不断深入，传统的教学方式已经很难适应社会的发展，学校的网络平台对丰富学生视野发挥了极大的作用。网络平台被各个学校运用了之后，可以为学生提供更为活跃的课堂氛围。利用网络平台将学生的个人信息和学习情况输入到网络当中，可以使教育者及时掌握学生的学习情况。如果学生某个知识点没有理解，可以通过网络及时地到老师那里寻求帮助，老师会第一时间为学生们进行解答。在某种程度上讲，网络平台的搭建为老师管理学生的学习，学生及时地寻求老师帮助之间架起了一座桥梁。

（四）增强了学生的凝聚力

现在很多学生都是独生子女，他们以自我为中心的意识非常强烈，缺乏团结友爱的精神。因此在面对这样的学生时，班级管理者常常力不从心，管理起来非常吃力。如此一来，班级就会如同一团散沙，对学生各个方面的发展都会带来严重的影响。随着网络平台在学校中的应用，教师可以通过网络信息及时了解学生们的真实情况，对于出现的问题，可以有针对性地进行解决。教师还可以利用网络平台，构建起团体性的活动，使学生能够经常融合到一起，不断地通过网络上的集体活动，增进同学之间的友谊，这样，学生的凝聚力就会慢慢地被培养起来。

五、网络时代下高校学生管理工作的新举措

（一）开拓网上思想政治教育阵地，加强对学生网络民意的疏导

网络具有开放性，它完全打破了原有国家、社会之间的限制，将世

界各国都紧密联系起来，不同意识形态之间的思想碰撞和文化冲突达到前所未有的程度。一些别有用心的西方国家借此机会通过网络平台对我国进行意识形态的渗透，大肆宣扬西方的文化理念、政治制度等，散布影响社会稳定的言论和信息，以此来削弱我们对马列主义等主流思想的信仰，淡化我们的民族意识。部分思想和三观尚未成熟的大学生在如此强烈的多元文化碰撞下逐渐迷失了自我，对原有的主流思想产生怀疑，造成他们政治观念的淡漠、价值观念的偏离，出现极端个人主义、拜金主义等问题。

作为高校学生管理人员，必须抢占网络高地，通过网络平台创建“红色网站”，在校园网上建立理论专区，构建思想政治教育阵地。一方面，高校学生管理人员应高度重视大学生网络民意的表现，密切掌握大学生的思想动态，对于大学生所关注的热点、难点问题在网上给予及时的回应，做好疏导工作。应该想办法深入到学生喜欢参与交流和讨论的网上社区、网站和聊天室等，积极与学生互动交流，及时了解大学生的网络情绪。特别是针对一些学生关注的重大政治、意识形态等敏感问题要及时在网上进行旗帜鲜明的正面引导，在引导过程中要注意坚持柔和的交流态度，言之有理，言辞恳切，力求把一些尖锐的矛盾化解在萌芽状态。同时，要尽可能团结好网络中的骨干活跃人员，在网上敏感话题的争论中，网络上的骨干活跃人员的行为对普通网民有巨大的影响力，要积极发挥他们的正面影响力，带动并教育更多的网友理性、成熟地思考问题。另一方面，要建立网络舆论突发事件应急机制。突发事件发生后，通过网络广泛、迅速、覆盖面大的信息平台将真实情况直接发送给每一位同学，提高组织传播的效率，减少信息在多层传输过程中的人为减损，防止学生被不实信息误导煽动而引发更大的混乱。

（二）增强学生网络法制意识，加大网络文明建设力度

当前，我国关于网络的相关法律法规并不完善，高校对大学生网络法制意识与网络文明的宣传教育力度不足，加上对大学生的网络行为缺乏正确、有效的引导，导致大学生的网络法制意识与网络文明意识普遍不强，造成大学生网络行为规范的缺失。高校作为大学生网络法制与文明建设的主要场所，并未有效占领网络法制文明系统建设的前沿阵地，未能形成良好的校园网络文化氛围。

针对这一现象，首先，国家要根据网络发展的新情况和新问题，及时制定和出台一系列能适应网络环境快速发展的法律法规，不断提高打击网

络犯罪与网络不文明行为的能力。高校学生管理人员要加大对学生开展网络普法教育、网络安全教育和文明上网教育的力度，积极引导学生以遵纪守法为荣，对有关网络法律问题进行主动思考，如利用社会上的一些典型案例教育学生触犯法律所应承担的法律责任，以示警醒；同时，可在学校相关网站或BBS社区上开辟寓教于乐的法制教育网页，设立在线互动答疑等栏目，发动学生积极参与对网络违法现象与不文明行为的深入探讨，在潜移默化中提升大学生的网络法制与网络文明意识。其次，必须坚持他律与自律有机结合，倡导在学生群体中形成互相监督，合法文明使用网络的氛围。杜绝学生对网络违法与不文明行为的互相包庇与谅解，使学生分散的网络文明行为凝聚成有组织的共建网络文明的行动。在这一过程中，应充分发挥学生党员的模范带头作用，培养一支政治立场坚定、作风正派、网络技术过硬的学生党员队伍，充当网络文明使者，利用他们来自学生、便于与学生沟通、易于被学生接受认可的优势，引导好大学生的主流价值观，使他们肩负起宣传网络法律法规、倡导网络文明的重任。

（三）建立一支具有网络时代意识与过硬网络技能的学工队伍

高校学生管理面临的环境发生了变化，网络信息技术的快速发展向传统的高校学生管理理念与方式提出了新的要求，这是新时期高校学生管理工作必须正视的现实问题。学生管理人员要想有足够的能力应付在新的教育管理环境中出现的新问题，就必须强化自身的信息素质，提高现代网络技术应用的能力，充分利用网络资源优势，拓宽高校学生管理工作的空间，增强学生管理工作的针对性和实效性。

作为高校学生管理者，要抢占网络高地，建立属于自己的网络构架。要注意网络社团、BBS社区、微博、QQ等网络媒介在工作中的运用，努力实现班级管理网络化，提高工作效率，使大学生表达的意见更有机会直接接近管理中心，从而改变以往信息不畅，具体管理工作、措施与现实脱节的被动局面，增强学生管理工作的针对性和科学性。此外，基于传统的教育理念，学生对老师都既敬又畏，在老师的面前难以敞开心扉，真实地表达自己的所思所想。而网络隐秘性与虚拟性的特征使网络交流少了现实中面对面交流的尴尬和顾忌，现在大部分学生都热衷于通过网络平台来表达自我，很多时候都会把自身的心情、心态或者对事件的观点即时通过网络来宣泄。这样的情况导致管理者对学生的思想难掌握、问题难发现，久而久之师生关系也渐行渐远。要多关注学生在网络上发表的信息，及时掌握学生的思想动态，从而对症下药，将一些不良的思想遏制于萌芽状态。

相对于以往传统、低效的育人管理环境，当前高校教管工作成败的关键，在于管理人员是否能够在第一时间准确地获取高质量的信息，只有在知己知彼的情况下才能做出正确有效的决策。

（四）充分利用网络资源，加强对学生的服务

在现阶段的实践中，网络技术与资源在高校学生管理工作中的应用还处于初始阶段，很多都停留在“面子工程”的形式上，没有落到实处。要切实在网络上开展学生管理工作，必须坚持管理与服务相结合的原则。一方面，要加大校园网络的信息量，在校园网络平台上，除了能查询到学校的各种方针政策、规章制度和通知等常规信息外，还应包含各种大学生常用的学术、生活社交网络资源，努力把校园网络建设成为一个便于大学生学习、生活的综合性平台。另一方面，多拓展针对学生的网上服务空间，如开展网上心理咨询、网上就业信息咨询、勤工俭学信息、网上社团活动等，努力利用网络自身具备的优势消除某些管理工作或服务在现实操作中的局限性，开创高校学生工作的新局面。如大部分心理有问题的学生都不太善于交流和沟通，而网络可以为了解学生心理动态和进行心理咨询提供一个全新的平台。通过网上心理咨询服务，可以消除面对面的尴尬，避免现实交流带来的障碍，可以慢慢地深入问题学生的心里，使其敞开心扉地宣泄内心的情绪问题，从而使教育管理者可以对症下药，准确地引导学生的行为，为更顺利地开展学生心理工作提供良好条件。

（五）注重“网上管理”与“网下管理”的结合

作为一个高校学生管理工作人员，无论信息技术发展如何迅猛，网络技术与高校学生管理工作结合得如何紧密，我们必须明确：学生管理工作不是在做“虚拟世界”的工作，而是在做“虚拟世界”背后的学生主体的工作。利用网络平台开展高校学生管理工作要做到网上管理和网下管理相结合，做到以情感人，以理服人。

同时，加强校园现实的软件和硬件建设，增强现实空间对学生的吸引力。很多大学生沉迷于网络的虚拟空间，主要也是由于在现实世界中，他们的很多想法和诉求都得不到满足，只能在虚拟世界里寻求慰藉。为改变这一局面，学校要多开展受学生欢迎，易于学生接受的校园文体活动，尽可能使所有学生的心理诉求在现实中得以满足，让他们有平台与机会各尽其能，从而增强现实校园对学生的吸引力，增强学生的幸福体验。

综上所述，随着信息时代的到来，在人们生活或学习的各个领域当中

都能看到互联网的影子，对各个层面和领域当中都有所渗透。互联网用其多种功能不断地丰富着人们的生活和阅历，将各种思想和信息有效地进行传播，在学生的思想教育和管理工作中其必将发挥着不可代替的作用。现阶段，很多学校鉴于学生不断增长的网络需求以及互联网极强的功能，逐渐建立网络平台，在以上提及的两项工作中发挥了不可代替的作用，使工作的效率逐渐地被提升了起来。

第五章　互联网背景下高校学生思想政治教育问题研究

“互联网 +”对传统行业展现出强大的力量，不断促使其进行转型升级。当“互联网 +”遇到教育时，互联网对教育变革的作用也体现得很明显。以往传统的教育一般都发生在闭塞的空间，如学校、家庭内，知识往往以书籍等方式存储在图书馆、教室、书房等固定空间，知识流通方式的闭塞，大量的知识被遗忘在尘埃中。互联网的到来改变了知识流通方式，加快了流通速度，打破了教育桎梏，不断实现教育公平。中国教育进入了一场基于信息技术的伟大变革中，历经教育远程化、教育信息化、教育在线化，而这些都不是互联网与教育结合的终点。教育只有顺应“互联网 +”时代的需求，与互联网进行深度融合，持续不断地进行革命性的创造变化，才能重构教育生态体系，走向新的境界。

第一节　互联网时代的思想政治教育变革

一、“互联网 + 教育”的概念

（一）“互联网 + 教育”概念界定

当前，在教育领域，一场信息化的颠覆性变革正在悄然发生，传统教育模式正逐渐被改变。我国教育信息化已基本普及，实现了教育“+ 互联网”的应用。但在“互联网 +”背景下，很多人对“+ 互联网”和“互联网 +”概念有所混淆。实际上，这是两个有本质区别的概念。“+ 互联网”是指互联网技术在传统行业中运作，关键是对传统行业进行技术改造和升级。“互联网 +”是运用互联网思维，对传统行业规则进行改造，关键是制度创新。因此，“教育 + 互联网”强调的是将已有的教育模式、内容、工具、方法、体系等用互联网技术复制一遍，也就是把教育“从线下搬到线上”而已，其核心是教育的“技术革新”，并没有对教育模式和教育形态有实质性触及。而“互联网＋教育”强调的是在认识教育本质的基础上，在互联网技术基础上，运用互联网思维，重塑教育模式、内容、工具、方法、体系，建构教育新生态，其核心还是“教育”本身。“互联网＋教育”中的“+”并非简单的加法，而是内涵丰富的“化”，是指将互联网与教育通过双向连接，产生互动、渗透、耦合，运用互联网催化教育形态的换代升级，发生化学反应，让互联网从以往的工具形态，渗入到教育的思维层面，通过“互联网思维＋教学过程”“互联网思维＋学习”“互联网思维＋教学模式”等变革，对教育进行重塑与再造，实质上也就对教育进行“转基因”工程。因此，“互联网＋教育”就是让“教育”这个主体生长在“互联网＋”的土壤之上，让教育与“互联网＋”时代背景下的社会发展需求进行“互通互联”“耦合渗透”，把互联网思维主动融入教育教学全过程，为教育提供动力和养料，催生一种新的“互联网教育思维”，重新思考教与学、师与生、学校与社会、供给与需求等教育形态如何实现“多维对接”和“立体协同”，实现教育内容的持续更新、课程形态的逐渐转变、教育模式的不断优化、学习方式的连续转变，以及教育评价的日益多元化。

（二）“互联网＋教育”的特点

1. 资源共享

传统学校教育模式下，教育资源主要集聚在校园这个相对封闭的物理空间内，局限于课堂、图书馆等场所，满足固定人群的需求。而互联网的开放性正在撬动传统学校教育封闭的大门，拆除传统教育的时空围墙，改变传统的知识传授方式，重构着教育服务体系。互联网以其强大的存储功能和交互性技术优势，囊括了海量的知识和信息，成为人类历史上前所未有的巨大信息库。而这个庞大的信息库还在不断地借助互联网终端的连接，通过所有人不断上传、发布新的信息让其源源不断地扩容。借助互联网，各种教育的优质资源都可以跨越校园、地区、国家覆盖到世界每个角落。无论你在哪，只要连接互联网，都可以接受全世界最优秀教师最好的课，使得优质教育资源向更广泛的群体扩散，让更多人分享知识成为可能。在传统教育中，由于优质资源的有限，很多学生受所在学校、专业、院系等限制，不能随心所欲选择自己喜爱的课程，更有很多人没有机会进入心仪的学校接受教育，而在线教育则让更多学生可以不受时空限制，以及所在学校、地区、身份、地位、年龄的限制，选择自己感兴趣的课程，让学习的不可能变成可能。风靡全球的慕课即是一个典型的例子。只要学生想学就可以进来学习，只需注册一个邮箱即可参与，而且很多课程还是免费提供的。慕课大规模开放的特点，使得它与传统课程一次只能接受几十人或几百人听课的情况大不相同，一门课可以上千、上万人，甚至几十万人同时听课，通过互联网即可完成学习、提交作业，极大提高了知识的传播效率，吸引了全球数以百万计的学习者。普通高等院校象牙塔的地位和界限正在逐步地被淡化和模糊。

2. 交互性

“互联网+教育”的交互性体现在其对传统单向灌输授课模式的颠覆。在传统教育环境下，知识的传授多是以教师为中心，进行“教师—学生”单向交流的模式，教师是学生获取知识的主要来源，学生的学习对教师授课具有明显的依赖性。即便是开展课堂讨论，也都只能是在同一个教室内学生与教师之间，或学生与学生之间进行交流和讨论，思维的交流和碰撞受到时空的限制，难以得到充分扩展。而“互联网+教育”则让教学从单向灌输知识的满堂灌向更加注重互动对话的“翻转课堂”等转变。如在翻转课堂，学生在课前通过网上完成相关知识点的学习，而课堂上的主要任务则是针对学生学习中有争议或有困惑的问题进行“交流和评估”。同时，互联网也让学生可以突破时间和空间限制，在任何时间、任何地点与分散在世界各地的所有其他学生进行充分的互动，不仅可以向他人寻求帮助，还可以互相分享学习心得，甚至交到志同道合的朋友。这种交流的平等性与开放性，也让教师走下神圣的讲台，从教学的主导者变为学生学习的辅助者、服务者，以普通网民的身份参与到交流互动中，减少师生之间交流的拘谨，有利于学生更为真实自由地表达自己的观点和看法。而“互联网+”时代大数据的辅助，也让师生之间的沟通变得更有针对性，通过对学生学习行为、学习能力的分析，实现教师对学生更科学全面的了解，更有针对性地进行沟通交流。

3. 不受时间和空间限制

传统教育模式下，学生需要按照学校课程安排，在固定时间到固定教室听课，学习有较大的时空限制。“互联网+教育”由于网络的无边界性，学生的学习成为无时不可、无地不可的事情，只要连接网络，学习者便可以在各种终端下随时随地地介入学习并延续进度，不必再完全依赖课堂和书本，学习者突破了校园、教室的局限，真正实现了时空上的自由。而随着“互联网+”在教育领域的发展，学习越来越不受国籍、时间和空间所限制，未来教育、未来课堂的边境将会无限放大。

4. 个性化

“因材施教”这一教育方法在两千多年前就由我国著名教育家孔子提了出来，经过历代的教育实践也获得了丰富的内涵，但即便是到了今天，因为各种因素的限制，要做到真正的因材施教也并不容易。在传统教育模式下，教师要在同一课堂上为众多学生讲授相同的内容，往往难以兼顾不同学生的智力特点和吸收水平的差异，而学生也难有自主选择听或不听、听哪些课程内容的权利。就像可汗学院的创始人萨尔曼·可汗曾说的“传统的教学法是非人性化的教学，30 个孩子不许讲话，不许相互配合，一个不论多么优秀的教师，都不得不按同一个步调教 30 个学生”。而“互联网 + 教育”运用网络特有的数据库管理技术，为个性化教育教学提供了可行的路径。在互联网环境下，学生是在线课堂学习的主体，完全可以根据自己的学习习惯、理解能力等自主选择在什么时间学习，学哪些课程，学多长时间，甚至学习几次等。同时，互联网也能针对学生的学习状况进行完整的数据跟踪、记录和分析，得知每个学生的学习特点和规律。学习软件系统将根据这些大数据分析得出的规律，向学生推荐适合该学生学习的课程和学习计划，并为每位学生量身定做个性化的课程、题库、解疑等学习模块，满足不同学生的个性化学习需求，将教育教学流程化整为零，更加回归人性，真正做到“因材施教”，充分挖掘每个人的学习潜力，改变传统教育千篇一律的模式。

5. 内容碎片化呈现

“互联网 + 教育”是真正以人为本的教育。为了吸引学生的注意力，提高学习效果和质量，教育产品内容的表现形式日趋丰富化、生动化，包括文本、图片、声音、视频等多种类型，以碎片化的形式呈现在学习者面前，以便让学习者能更加直观、快速地完成知识学习。在传统教学模式下教学资源基本掌控在教师手中，教师根据教学大纲，以系统化的思维，渐进式地向学生展开各个章节的学习，强调学习内容的系统性、完整性。这样的学习有助于学生对某一门学科知识更为连贯、系统的认知，但也容易引起学习者的疲劳和注意力分散。而在“互联网 +”时代，系统、循序渐进式的学习模式已远远赶不上知识更新换代的速度，人们的学习范围越来越广，学习变得越来越没有耐心。由于信息的碎片化，继而带来了知识碎片化、时间碎片化、空间碎片化、媒体碎片化、关系碎片化等。学习者可以利用乘坐公交车、课间休息、睡前十分钟等零碎时间，通过互联网获取碎片化的知识进行学习。信息和知识的碎片化成为不可阻挡的趋势。在这种状态下，“互联网＋教育”适应这种变化，打破学科知识按照由易到难、循序渐进学习的局限性，对知识点进行碎片化处理，强调学科体系中重点内容和难点内容的解析与讲授，删除冗余信息，将知识以碎片化的形式呈现给学习者，让学习者能随时随地利用碎片化时间，集中注意进行学习，更加便捷地完成学习任务。知识的碎片化呈现也能让学习者根据自己的需求随意切入学习，随时跳出，实现自主学习。

二、“互联网＋”时代的教育变革

（一）“互联网＋”开辟了全新的教育发展空间和改革视角

1. 人类的认知方式改变

“互联网＋”时代普遍连接的特性，让人们生存的环境变得越来越复杂，生活节奏越来越快，不确定性越来越强，知识和信息的容量越来越大，变化越来越快，信息和知识正以指数的形态加速膨胀。“互联网＋”让教育资源能够更加充分地流动，让学习者可以随心所欲地选择在任何时空自由学习。但事实上，我们每个人学习的时间和学习的容量是有限的，现代社会的知识爆炸与我们每个人的学习时间与学习能力的鸿沟越来越大，人们面对着如何在有限的时间、有限的学习能力、有限的大脑存储空间里，来应对无穷无尽的信息和知识的巨大压力和挑战。我们需要借助互联网，改变人类基本的认知方式，来适应越来越复杂的社会。

人类的大脑是一个由数以亿万计的神经元构成的复杂网络，而在“互联网＋”时代，也有一个由数以亿万计的计算机和移动终端设备构成的互联网。互联网连接了一切，将人类知识零散分布在互联网的各个节点上，通过连接并激活一个个的节点。互联网连接的规模越大，网络对知识进行的加工使其变更的驱动力也就越大，通过实时通信的网络，可以快速组织大规模的社会化协同，知识越来越去中心化，而呈现分布式协同状态。面对这样的知识巨网，知识的产生机制、传播机制、应用形态将发生巨大的变化，人类社会将不存在一个知晓万事的超级大脑。今天的学习者应对的最好办法绝不是将知识统统装进自己的大脑中，而是将互联网看作是一个知识存储库。学习的最好方式是将大脑里的网络与互联网对接起来，学会用连接激活一个个的互联网内的知识节点，随时随地地调用互联网里的信息和知识为自己所用。在激活链接的过程中，学习者在互联网中寻找自身学习的需求和价值，寻找不需要死记硬背的高效学习方式，寻找解答疑问的途径和立场不同的观点答案。学习者在互联网的世界里，可轻松实现对感兴趣话题全面的多角度观察。互联网成为学习者学习的利器，使其有能力在浩瀚的知识海洋中搜索知识，发现问题，寻找解决途径，认知学习的主观能动性也得以强化。

而互联网由于信息碎片化带来的知识碎片化，使得知识变得短小精悍、结构松散，也促进了学习者认知方式的转变。长期以来，我们所接受的教育大都是系统的知识教育，学习者习惯了连续的、线性的知识获取方式，先后信息的相互联系有助于学生的长时记忆。而互联网导致的碎片化知识以短时间记忆为主，知识学习者在进行信息链接和提取时可能产生错构，导致信息失真。知识的碎片化也导致学习者的思维不能集中，容易对信息全盘接受不加思考，思维活动太过浮浅。因此，“互联网+”时代，学习者需要对知识在碎片化的基础上进行认知的加工建构，确保对知识的正确理解和深入思考。

认知是构建教育大厦的基础，人的认知方式的裂变，必然导致教育的革新。技术已经成为人类生存环境中不可分割的一部分，人类的基本认知方式、驾驭世界的基本思维方式正在发生意义深远的改变，当基本认知方式都发生改变的时候，在此基础上建立的教育大厦必然发生意义深远的革命性的裂变，无论是教学思想、教学理念、教学组织形态、教学方法等都会发生意义深远的改变，只有这种改变才能培养出适应未来社会发展的人。

2. 教育从固定场所走向无限空间

“互联网+”跳出了传统意义上教育的限制，推动教育将已有的教育内容、教育方法、模式等进行重新设计和组合，使教育资源更加充分地流动。学习者从课堂、图书馆、实验室等相对封闭、固定的物理空间里摆脱出来，只要在任何一个终端与互联网进行连接，即可以在任何时间、任何地点进行学习。在这种状态下，校园、教室、课程表、作息时间都失去了对教育的束缚，教育的物理空间边界被打破了。

“互联网+”时代，人类社会、信息空间、物理空间将逐渐相互融合贯通、相互交织在一起，形成虚实融合的空间。“互联网+教育”的跨界融合衍生了全新的线上线下融合的教育形态。学习者的学习交流、个性养成等问题，需要在实体和虚拟空间里进行反复的协同互动。在传统教育中，学习者在固定的时间和地点接受知识，往往只有一次聆听的机会，一旦错过就无法弥补。而在网络教育空间里，学习者可以根据自己的情况来自主调控学习速度，随时跳过已经掌握的知识，也可以反复学习尚未掌握和掌握不够的知识，循序渐进地学习，从而使学习变得更加“随心所欲”，真正实现了学习时空上的自由。

“互联网 + 教育”衍生的线上线下融合教育让教育的服务业态逐渐打破学校、班级限制，使教师不再仅仅属于学校，而是更属于社会，属于互联网，让学生的学习不仅在学校和课堂，还在家里、在路上，也在互联网上。这种虚实融合的教育空间，让知识越来越具有社会性，更具流动性。人人都成为社会这张大网的一个个节点，与他人进行着信息和知识的多点互动。人人既是知识的生产者，也是知识的消费者。传统学校将不再是一块相对封闭的净土，而成为整个社会这张大网中的一个动态、开放、流动的知识库节点。虚实跨界融合的教育生态环境，让学习者的学习通过网络不仅仅发生在教室和学校，还连接到了学生的日常生活和网络生活中。

3. 资源的优化配置促进教育更加公平

随着经济社会的不断发展，我国教育取得了瞩目的成就，但教育与经济、社会的不协调性也日益明显，究其根本原因在于教育资源配置的非均衡化导致了教育发展的滞后。教育资源和优秀教师的地区分配不均，尤其是农村和边远地区优质教师资源的匮乏，导致地区间教育差距呈扩大趋势，影响了人才培养、科学研究水平，最终制约了国家整体发展。教育资源配置是指各种教育资源，包括人力、财力、物力、时空、信息、文化、权力、制度、政策、关系等，在各种不同的使用方向之间的分配，以期投入的教育资源能够得到充分有效的使用。由此可以看出，教育资源配置最终追求的还是效率和公平。

“互联网 +”能很好地促使教育资源重新配置和整合，达到最大优化和公开化，提升教育资源的共享程度，促进教育公平。首先，“互联网 + 教育”可以最大限度放大已有优质教育资源的价值和作用。在传统教育中，受经济条件、师资力量等限制因素影响，传统校园的数量和规模不可能随意扩大，因此，教育规模的培养能力严重不足。一个教师所能教授的学生数量非常有限，而“互联网 +”可以把最优秀的教师资源集中在一起，克服地理空间的分离，让一位优秀教师为成千上万的学生提供共同的授课资源，而学生只需要一个移动终端，连接到互联网，就可以随意挑选心仪的授课教师，教育差距大大缩小。其次，“互联网 + 教育”的跨界融合，让教育可以实现跨行业、跨地区、跨时间的合作交流，带来教育服务行业的迅猛发展，催生了“中国大学 MOOC 网”清华“学堂在线”“超星泛雅”等教学平台的发展，促进了优质资源的流动与共享。

“互联网 + 教育”不仅可以丰富资源的内容，减少资源的低水平建设，还可以缩小甚至消除传统上因地域、时空和师资力量上的差异所导致的教育资源上的鸿沟，最大限度实现教育民主和教育公平，有利于弥补教育资源不均造成的教育水平差距。

4. 教育从整体规范走向个性发展

在“互联网 +”时代，一切皆可数据化，数据成为学校最重要的资产，是核心的生产要素，成为学校最有价值和最需要投入的地方。学校数据将不再是抽样的数据，也不再只是某个时间节点的断层数据，而是连贯的、连续的、覆盖师生全学习过程、工作过程的数据。全样本、全过程大数据支撑下的教育，将根据每个人的特点解放每个人本来就有的学习能力和天赋，让个性化教育成为可能。

大数据时代的到来让各个平台可以自动记录学习者的学习行为，在全面采集学生全学习过程数据的基础上，依据心理学、学习科学等原理与模型，通过教育大数据分析来精确了解学生的认知结构、知识结构、情感结构、能力倾向和个性特征，在群体的状态中发现模式、规律及总体趋势，让教师能更好地准确地为大规模的学生群体提供教育支持。同时，也可以通过诊断性分析，发现表象背后深层次的问题，及时发现学习者的知识盲区，精确定位学习者的问题、症结，进行精准的定向支持，帮助学习者完善知识结构，增强学习者的优势与特长。大数据还可以通过预测性分析，为学生的学习做出辅助判断，帮助学习者深入了解自己，支持学习者制定更加适合自己的学习计划和学习内容，推荐合适的课程，让学习由“套餐”变为“自助餐”，完成传统教育中教师指导从粗放型向科学、精细、个性化的转变。总之，“互联网 + 教育”打破了流水线式传统教育整体规范的模式，让教育以学习者为中心，尊重学生的个体差异性，满足学生的个性化需求，促进学生个性化学习体验，让学生真正成为教育中的主人。

5. 教育从单向传递走向多维互动

“互联网 + 教育”将改变传统教育中以教师为中心，从“教师—学生”进行知识单向传递的授课模式，教师不再是知识的唯一来源，学生对教师授课的依赖性明显减弱。与之相适应，教师的作用要从教学的主导者变成学生学习的辅助者、服务者，教学要从单向灌输知识的“满堂灌”向更加注重互动对话的“翻转课堂”转变。传统课堂中，教师的任务主要是“教授知识”，而在“翻转课堂”中，教师在课堂的任务则主要是“交流和评估”，也就是答疑解惑和评估鉴定学习成果。教师与学生的互动不再局限于课堂，也不再流于形式，将通过互联网，完全突破课堂时空的限制。学生可以在互联网世界里随时随地随心地与同伴沟通，与教师交流。教师通过互联网终端，可以即时地给予学生点拨指导。同时，教师不再是居高临下地灌输知识，更多的是提供知识资源的链接，为学生进行兴趣的激发和思维的引领。由于教育可以通过互联网将触角伸向任何一个领域、任何一个角落，连接各行各业的名家能手，因此使教师的课堂教学变得资源更为丰富，手段更为多元，教师在课堂上将由重视“教授知识”转向关注如何在线上学习、交流的基础上，更好调动学生在课堂的实际参与，及时检查学生的知识掌握情况并给予反馈，促进学生的自主学习。

6. 评价从描述与定性走向分析与定量

在传统教育教学体系中，难以找到超越考试的评价方式，没有比考试更为妥当、公平、科学的评价方法。但在互联网条件下，教育价值趋向多元，教育评价方式面临全面转换的现实需要，以成绩为唯一标准的评价方式将得到改变。互联网应用于教育评价特别是基于大数据技术的教育评价将主要带来以下方面的变化：一是评价依据更加丰富。“互联网 +”很大程度上能够克服传统教育评价难以收集评价依据和评价信息单一化、片段化的问题，不但可以全过程、全方位采集教育数据，而且评价领域还将从知识领域向技能领域、情感、态度与价值观扩展。技术的发展，使考试成绩之外的学生认知结构、情感因素、心理倾向、实践能力等非结构化数据也能够得到收集，从而支持综合性、系统化的评价，使教育评价的内涵和功能得到拓展。以大数据为基础的评价，将反映更加真实的评价对象，洞察纷繁表象背后隐藏的教育问题，摆脱经验主义的束缚，提供更为科学的指针和方向。二是评价将贯穿整个教育过程。互联网使得嵌入学习过程的伴随式评价成为可能，在评价方式上从总结性评价发展为过程性评价，更加重视评价的诊断、激励和改进功能，更加关注学生的个体差异，尊重每个学生的特点，促进学生个性化发展。三是评价更加开放和便捷。通过互联网平台，教师可以依据学习表现评价学生，学生也可以对教师的教学成效打分，学校和教育部门借助数据可以远程分析评价教学活动和学习绩效，家长也可以通过数据及时了解孩子的情况和学校的教育质量。在“互联网+教育”环境中，每个人都是评价的主体，也是评价的对象，社会各阶层也将更容易通过网络介入对教育的评价，使评价变得更为方便也更为深入，学生的积极性更高。四是评价从关注筛选到关注促进发展。基于互联网技术，教育评价可以实现因人而异的适应性评价，评价后及时提供个性化的、可视化的反馈将成为教育评价重要的发展方向。目前，高校及国内互联网教育企业已经在尝试通过挖掘管理、教学、学习的基础数据，构建科学的学生成长模型，为对学生进行系统评价创造条件。这些探索代表了“互联网＋教育评价”创造有效评价依据和支持保障评价应用的发展方向。

（二）“互联网＋教育”将带动传统教育的升级

1. “互联网＋教育”的变革趋势

随着“互联网＋”成为国家战略，教育领域改革浪潮的涌动催生了很多形形色色的在线教育新产品，但冷静观察，我们尚未形成具有全国影响力的成熟的“互联网＋教育”的新模式，“互联网＋”并未给教育带来太多实质性的变化。但这并不妨碍我们设想和探索“互联网＋教育”的创新模式。可以预见的是，随着信息技术的发展和进步，“互联网＋教育”将因为互联网“连接一切”的特性而与社会生活更加紧密地联系，互联网将渗入到教育全过程，与教育各个环节进行更加深刻的联动，我们将迎来一个“互联网＋”时代开放创新的教育新形态。

（1）教育信息化程度越来越高。教育信息化是利用信息技术对当前教育进行改革，使其跟上信息革命的步伐，适应正在到来的信息化社会的变革。我国教育的信息化已经取得了可观的成绩，各级各类的教育积极探索了适应现代社会的各种教育方式方法。“互联网＋”时代，教育信息化与传统教育模式相比，有以下特征：

1）信息质量逐渐提高。在互联网时代，任何学习者都可以凭借网络获得丰富的信息资源和广泛的人际互动交流机会。学生所面对的教师不再局限于本校、本课程的老师，而是可以在在线教育平台共享更多优质教育资源和更高质量的教育信息。随着“互联网＋教育”的发展，这些教育平台上所展现的教育内容将越来越强调学术性与生活性的相互融合与转化，更多地连接实际生活，并随着移动设备的普及，基于情境问题的动态配置课程将成为现实。大规模开放课程还将为学习者提供更多选择空间，满足学习者个性需求。

2）信息传递和运行成本降低。现代信息技术的发展带来了越来越高速的信息传递速度，大大节约了全社会信息传递的成本，而互联网教育的实施也大大降低了教学运行的成本。在传统教育中，学校一直是知识和学习的中心，而信息技术的发展，将大量知识和信息推到了“无固定地点”的网络上，催生了相关的教育市场，大规模的公开在线课程备受关注。这些课程不仅能充分利用有限的教师资源教授大量课程，达到教学成果最大化，还可以降低人们求学的经济成本，让难以支付高昂学费的人能低成本地接受教育。

3）信息交流更加方便。教育的信息化使学习者可通过在线教育平台随时学习和下载网上教学资源，并与教师或其他学生进行互动，信息交流更加方便。而随着“互联网 + 教育”的发展，互联网与教育的结合将逐渐从将传统教育生搬硬套搬到网上的初级形态突围出来，教师的角色将从知识的传授者转变为依据学生个人特质做知识的提供者和辅助者，成为课堂教学的组织者和帮助者，而不仅仅是知识的灌输者。教师在教育过程中，将更加注重教育资源的设计，重视通过与学习者的互动，引导学生自主探究与合作式学习。与此同时，教育将更加注重通过建立虚拟社区平台等，为学习者之间进行问题探讨、交流学习经验、分享学习成果等组建网络学习共同体，营造良好的学习氛围。信息技术将有效融合于各学科的教学过程始终，彻底改变单纯灌输式的教育模式，重构以互动、共享为核心的动态教育模式。

（2）教育创新化程度越来越高。创新是教育在“互联网 +”时代生存不可或缺的要素。教育只有不断创新，才能跟上时代的发展。互联网在教育领域的渗透已先后创建很多网络教学平台、网络教学系统、网络教学资源、网络教学软件、网络教学视频等，改变了课堂教学手段，大大提升了教学素养。如互联网使得一些在线学习产品通过记录在线练习、作业、测验和考试等，形成知识点、章节、学科、学期等多维度的学习测评报告和分析图谱，带来了个性化学习和教学流程的变革。创新需要自由宽松的社会氛围、多元开放的文化环境、深厚广博的知识背景，而互联网帮助我们构建了这样的土壤环境。在“互联网 +”时代，创新将不仅包括教学目标、教学工具、教学内容等方面的创新，还将包括教育思想、教育体制、教育评价等全方位的整体创新，创新将对传统教学组织形式带来革命性的变化。

（3）教育多元化成为常态。无论是在国内还是国外，教育单一化问题一直是教育改革面临的重大课题。在传统教育模式中，各层级的教育学制、课程、教学模式、教育结构等都趋向一致。在培养目标上，讲求对同一年龄层、同一学业水平学习者的共性要求，缺乏对不同学习者个性化培养意识。在教学过程中也强调标准化、同步化的教学进程，忽视学生之间的差别和个性。而“互联网 +”时代，随着教育越来越数字化、越来越立体化，教育教学信息的实时生成与采集，让互联网信息服务融入到学习的各个业务领域，通过大数据分析学生认知、知识、心理结构等，由此将产生对学生个性化的培养目标的设定和个性化培养计划的生成。数字化发展将促使互联网为教育提供基于数据的智能服务新形态，将使教育得以摆脱单一化局面，并向多元化、个性化发展。教育多元化将在不断丰富教育资源的基础上，更加注重教育目标的多元化、教育的形式多元化和教育评价的多元化等。

2. “互联网＋教育”带动传统教育升级

伴随着大数据、云技术的发展，互联网在教育领域已经引起了思维方式、教学方式、教研方式等一系列变革。随着众多在线教育产品的推出与流行，“随时随地，想学就学”也成为一种时尚。面对“互联网＋教育”的迅猛之势，一些专家表示，传统教育将会被互联网教育彻底颠覆，到那时，传统的学校将会消失，老师们就会失业。

诚然，互联网开启了教育的新时代，但客观来说，互联网也给教育教学领域带来了更大的挑战。目前很多在线教育确实具有一些传统教育不可比拟的优势。如在线教育可以提供优质的教育资源、智能化的学习软件、便利的学习工具，方式灵活，更能激发学生学习兴趣，同时费用和成本较低，也摆脱了时空局限，让学生可以根据自身情况自由安排学习进程，可以把大量碎片时间充分利用起来，让学生有了更多的学习自主权和选择权，这些都是互联网驱动教育发展的优势。但实际上，互联网对教育的这种驱动和变革并不能完全替换传统的学校教育。就如同印刷术出现后，图书的生产成本大大降低，图书变得唾手可得，馆藏图书更加丰富，但印刷术并没有颠覆传统教育，反而对传统教育发展起了极大推动作用，让图书成为教育的重要元素。互联网也是如此，互联网可以让教育囊括各时各地所有的优质资源，但是它不能替代我们去解决人们学习中涉及的情感、性格、气质、人格、意志等事项，这也是互联网媒体与人脑之间存在的最后距离。在这段瓶颈距离里，互联网的信息优势难以有效得到发挥，这也决定了互联网教育并不能承担所有的教育职能。教育并不是单纯地传递知识，在传统教育模式下，学校教师在授课之余，还能通过鼓励、安慰、启发学生，分享学生情感，面对面的情感交流与互动，让学生感受与教师、同学、班集体和学校的关怀与温暖，帮助学生心智健康发展。而这些教育过程中的情感体验恰恰是互联网教育面临的最大挑战。比如，一个学生可以通过互联网学习几年某大学的课程，但并不意味着这个学生就能具备该所大学的人文特质和人文精神；一个学生可以通过在线教育，与其他人一同各自在家中学习某种知识和技能，但却无法拥有传统学校教育所能培养的单纯快乐的同学情谊；学生可以通过网络题库的答疑了解某个知识点，但对这个知识点却不一定能达到举一反三的程度。

互联网是一柄双刃剑。一方面，通过互联网建立的虚拟社交平台给师生交流带来了便捷性，但网络授课也让原本师生面对面的交流变得虚拟化，使学生注意力下降，合作意识淡薄，甚至会影响学生对课程的接受程度。而相对而言，传统课堂的授课模式，则更容易带动师生进入深入的交流和探讨中，有利于学生合作意识、人际交往和沟通能力的培养。与此同时，学生在传统学校教育中还能在与教师和同学的互动中，形成社会化关系，真实深厚的师生情和同学情将让人终生受用，对每个人而言都具有巨大的潜在价值。另一方面，互联网丰富多元的信息也意味着信息的泛滥和学生选择的困难。对学生而言，如果没有教师的引导，学生很容易在浩瀚的知识海洋中迷航，难以掌握学科知识的总体脉络和主线，学习效果也会大打折扣。尤其是思想政治教育，如果缺失老师面对面与学生的交流、引导，没有老师帮助其正确辨识各种意识形态和价值观念的激烈碰撞与冲突，学生很容易在多元价值观的交锋中失去方向。传统学校教育尤其是大学教育浓郁的学术氛围和开放自由的学术风气，能让学生们在校园中、在课堂上感受老师的人格魅力以及同学间朝气蓬勃的气氛，有助于培养学生健全的人格和丰富的情感意识，而这恰恰也是互联网教育的短板所在。因此，现实的学校和课堂教育不会被取代。教师的作用、学生间的交流、课堂氛围也无法被取代。事实上，无论形势如何灵活多变，“互联网＋教育”的核心和本质其实都不会变。就如同互联网被传统企业掌握之后，其本质还是原所在行业的本质。例如，淘宝其实质就是“互联网＋集市”，天猫就是“互联网＋百货商场”，优酷就是“互联网＋影视”，携程就是“互联网＋旅游”。这些都是传统行业利用互联网这种更有效率、更有经济规模的方式来创新的一种供需模式，一种传统行业新的生长点。这其中，互联网是传统行业升级转型所需找到的一个立足点、一个平台。“互联网＋教育”也是如此，其实质也是利用互联网，运用互联网思维、技术和模式来找到教育新的生长点，改造传统教育生态，实现教育系统的结构性变革，实现教育的目标。因此，“互联网＋教育”并不是对传统教育的彻底颠覆，而是转型升级。

教育的本质更多的是对人本身的关注。在“互联网＋教育”的浪潮中，并不存在互联网教育和传统教育鹿死谁手的问题，也不存在谁输谁赢的问题，更多的是二者如何相互借鉴、互为补充，如何融合，以及如何融合得更快的问题。

无论互联网技术如何发展，教育的初衷都是育人，“互联网 + 教育”并不是简单地将互联网与教育相加，而是将传统教育置于“互联网 +”的背景下，重新思考教育的目标、教育的方式、教育的形态等，克服传统教育时空局限、资源分配不公、个性化教育缺乏等不足，给予传统教育升级转型的动力和养料，推动教育更大的发展。“互联网 + 教育”必然要体现平等、开放等互联网特质。实际上，平等、开放也意味着民主，意味着人性化。从这个意义上讲，“互联网 + 教育”是一种真正以人为本的教育，是一种人性的回归，人人都是教育的生产者，人人又都是教育的消费者。“互联网 +”敲开了教育原本封闭的大门，也加速了教育的自我进化。因此，“互联网 + 教育”不是要取代传统教育，而是要借助互联网，运用互联网思维，将互联网与教育进行双向连接、互动和渗透，为传统教育找到新的生长点，带动传统教育掀起一场深层次全方位的变革，构建更加适应社会发展的开放创新的新型教育生态，让教育在“互联网 +”时代能更具持久的活力，让教育更加人性化。

总之，面对“互联网 +”的挑战，教育不能坚守避战，固步自封，抵制现代化的教育浪潮，也不能任由互联网“肆意妄为”。我们需要保持冷静清醒的头脑，从教育变革的真正需求出发，抓住机遇，直面挑战。无论是“互联网 + 教育”还是传统教育，只要能提供最好的方案，达到最好的教育效果，就是最好的教育。

三、“互联网 +”时代思想政治教育的变革

（一）“互联网 +”时代思想政治教育面临的机遇与挑战

互联网的发展和日益普及，使得人们的信息获取方式、交往方式和思维方式都发生了极大的改变。“互联网 +”时代的到来，促使思想政治教育的领域和途径得以拓展，思想政治教育的现代化和网络化成为必然趋势，也是网络社会中人的全面发展的客观要求。

1. “互联网 +”时代给思想政治教育带来的机遇

当前，面对“互联网 +”时代的浪潮，思想政治教育正在面临革新。促进人的全面发展是教育的根本目的，思想政治教育是实现人的全面发展的重要途径，这恰与“互联网 +”时代的“用户至上”思维相一致。互联网资源化、信息化、数据化、动态化的发展，为思想政治教育带来了更多

的创新发展空间和机遇。

（1）“互联网 +”为丰富思想政治教育内容提供了基础。“科学技术是第一生产力”，互联网的发展为推动思想政治教育改革与创新提供了重要的技术支撑，互联网所传播的信息内容必然与思想政治教育有着密不可分的联系。互联网上的文字、图片、音频、视频等信息的多渠道传递和广泛互联，为思想政治教育带来更加生动、及时、前沿和生活化的教育内容，为思想政治教育注入了全新的活力。此外，由于互联网资源涉及广泛、传播迅速，极大方便了学生跨省市、跨国界的学习与交流，让人们可以通过互联网直接面对不同文化和观点的冲击，一定程度上也极易对人们的思想观念造成影响，改变已有的价值体系。由此可见，一方面，互联网海量的信息和内容不断充实着思想政治教育的资源。另一方面，互联网上各种观点的碰撞、各种思潮的交锋也无形中拓展了思想政治教育的内容。科学合理地控制互联网上的信息资源，可以优化思想教育的内容，提升受教育者对外界事物的分辨能力，使其在不断变化发展中逐步成长。“互联网 +”拓宽了思想政治教育的视野。人类已步入信息时代，互联网作为信息快速传播的主要工具，改变了人类的认知方式，拓宽了思想政治教育的空间，丰富了思想政治教育的内容和资源，拓宽了思想政治教育的手段和途径。与此同时，也迫使思想政治教育必须适应“互联网 +”时代连接一切、跨界融合、尊重人性、强调平等开放等变化，进行一场大规模的思想解放，转变教育理念，深化对“互联网 +”的认识和应用，挖掘互联网教育资源和途径，拓宽思想政治教育的视野和领域，让思想政治教育能紧跟时代发展的步伐。

（2）“互联网 +”促进了思想政治教育方式的现代化。随着信息技术的发展，承载和传递信息的载体越来越多样化。第 45 次《中国互联网络发展状况统计报告》显示，截至 2020 年 3 月，我国网民规模已达 9.04 亿。手机不断挤占其他个人上网设备的使用。移动互联网的极速发展，进一步拓宽了思想政治教育的途径，增强了思想政治教育的趣味性和时效性，迫使思想政治教育必须适应现代科技发展的必然趋势，灵活运用信息技术丰富思想政治教育教学的方式，让思想政治教育途径变得更加具有吸引力、影响力。如当前盛行的慕课、微课、“翻转课堂”等均是对信息技术的运用成果，既便于学生自主学习、主动学习和及时交流互动，也便于教师利用信息平台的大数据掌握学生的思想状况和学习进展，及时有效地解决学生困惑，进一步促进思想政治教育方式的现代化发展。

2. “互联网 +”时代思想政治教育面临的挑战

（1）“互联网 +”时代“连接一切”的特征，增加了思想政治教育管理难度。“互联网 +”时代的“连接一切”，让我们每个人处于一种实时互动、全方位互动的状态，去中心化、个性化使人的地位得到了空前的提升，受教育者的主体性和个性有了更多施展的平台。在思想政治教育过程中，这一新特征的出现无疑创造了平等、互动和自由的教育氛围，促使教育模式从单向的灌输式向双向的互动交流式转变。但同时它也冲击了传统的思想政治教育。传统的思想政治教育主要依靠课堂、教材等载体，通过思想教育工作者的理论解读与言传身教，引导学生在身体力行中树立正确的价值观念。而在“互联网 +”时代，移动互联网技术的发展使得信息全时段、全方位覆盖，也导致教育工作者的权威性受到挑战。教育者在知识、信息量的占有方面不再延续过去的主导和优势地位，受教育者与教育者可平等地获取网络信息，甚至受教育者比教育者能更及时地掌握一手的信息，学生不再只听教育工作者的一家之言，传统教育者的权威性大打折扣；加之“互联网 +”时代“连接一切”的大互联，让信息更加易于传播，却不易监管，使思想政治教育的监管力度和可控性减弱，客观上必然会加大思想政治教育的操作难度。

（2）“互联网 +”时代“跨界融合”的特征，动摇了思想政治教育的一般模式。“互联网 +”时代的内核是互联网思维，强调空间维度和时间维度的泛化，也突出对传统业态的跨界融合与颠覆。而在意识形态领域，面对主体意识较强的“90 后”“00 后”，互联网思维营造的自由、民主、互动的氛围超出以往，很大程度上也冲击了传统思想政治教育模式。在“互联网 +”时代，学生可以充分借助互联网获取丰富的信息、表达自己的观点，并在与互联网的各项互动过程中，越来越依赖互联网，使自身的认知、交流方式和生活方式不断地“网络化”“社会化”。相比较而言，思想政治教育的传统教育教学模式与互动交流方式却远远没有跟上互联网发展的步伐。教育教学理念相对滞后、教育内容相对统一缺乏个性化、教育手段简单死板、教育媒介单调枯燥、教育教学时间严格限制，思想政治教育与互联网的跨界融合严重滞后，导致青年学生对思想政治教育的排斥和学习兴趣的丧失。

（3）“互联网 +”的开放性和多元性特征，冲击了思想政治教育内容性要素。思想政治教育内容具有明确的政治性、目的性、科学性和系统性。在 Web 1.0 时代，由于网络信息基本上都是经过把关人的筛选和处理才进行传播，因此，受教育者一般从互联网上接触到的都是正面的以弘扬社会主流价值观和价值体系为主的内容，互联网与思想政治教育能形成较好的合力，使受教育者对社会问题的分析与看法容易与教育者达成一致性，对思想政治教育的内容没有太大影响。

但是，以 Web 2.0 为基础的“互联网 +”时代，信息的开放性、多元性和交互性，使互联网内容更丰富、多元、易变，各种正面的、负面的，积极的、消极的，光明的、阴暗的，高尚的、低俗的信息共同充斥于互联网世界，各种思想交织碰撞，各种思潮相互交锋，对受教育者的思想和价值观念造成强烈冲击，一定程度上削弱了一些正面信息和社会主流价值观传播的力度，难以达到教育期望中的思想要求和道德规范；与此同时，在“互联网 +”发展浪潮下，各种形式新型、内容丰富的网站层出不穷，消耗了大众过多的注意力，而一些思想政治教育网站内容更新迟缓，形式呆板，缺乏创新，对学生缺乏吸引力和影响力，不能很好满足学生的学习需求。不同网站的多元信息给思想政治教育的内容带来前所未有的冲击，使得思想政治教育必须紧紧把握时代脉搏，根据互联网环境和学生的变化，对教育内容各要素进行必要的加工与重组，扩大教育的视野。

（4）“互联网 +”时代“尊重人性”的特征，改变了思想政治教育者与受教育者的定向关系。在传统媒介中，信息传播者常常就是教育者，信息接收者常常是受教育者。“互联网 +”时代整个网络的核心不是网，而是人。“用户至上”“尊重人性”的思维，决定了传统思想政治教育中教育者具有掌握信息资源的优先权与垄断权，使教育者向受教育者传递教育信息的定向关系遭到了破坏，平等、互动成为这个时代的常态。受教育者可以根据自己的需要和兴趣任意选择互联网信息，开展自我教育，甚至有时受教育者在最新信息的获得上往往还会超过教育者，传统的教育方式和教育者的信息与知识权威性受到了前所未有的挑战，为定向性的思想政治教育增加了难度。受教育者的主动和能动意识愈加强烈。教育者往往只能通过曲折、复合、间接和隐性的方式来开展教育，实现教育目的，对教育者自身的素质要求明显提高。在传统媒体中，思想政治教育的信息传播者和教育者在很大程度上是结合在一起的，常常是合二为一的，因而有利于教育者利用灌输法对受教育者进行定向的思想政治教育。而“互联网 +”的大互联则将信息传播者和思想政治教育者的这种契合进行了剥离，人人都可以成为信息源，成为传播者。“互联网 +”时代，思想政治教育者既要做好教育者，还要做好信息的传播者。同时，更要引导大学生做好社会正能量的传播者，教育者和受教育者已不再是简单的定向关系。

（二）“互联网 +”时代思想政治教育思维的转变

“互联网 +”是思想政治教育成长的营养源，为思想政治教育发展提供了源源不断的养料，成为一种新的“思想政治教育思维”。“互联网 + 思想政治教育”的主体仍然是“思想政治教育”。只是其成长在“互联网 +”的土壤之上，不能再用传统的教育思维和方式去浇灌它。“互联网 +”也不能改变思想政治教育的本质，所能改变的，乃是我们思考思想政治教育、发展思想政治教育的思维方式。

恩格斯在分析近代哲学的基本问题时曾经指出：“我们关于我们周围世界的思想对这个世界本身的关系是怎样的？我们的思维能不能认识现实世界？我们能不能在我们关于现实世界的表象和概念中正确地反映现实？用哲学的语言来说，这个问题叫做思维和存在的同一性问题。”恩格斯的这段话阐释了马克思主义能动反映论的基本内涵，强调人的思维是社会存在与周围世界的客观反映，同时，思维是否反映社会存在的问题，为思想政治教育发展提供了价值导向，这就是思想政治教育的思维发展必须符合社会存在的要求。因为思维作为人脑的产物，是人类在面对问题、处理问题时的思考模式，必然依赖于现实的存在，换句话来说，社会存在决定了人类的思维方式。正如我们所熟知，农耕文明时代人类容易形成“小农意识”，工业文明时代的到来使交通和通信更加便利，人类真正成为世界性存在，而开始拥有“世界眼光”；信息文明时代人类的社会生活日益网络化、信息化、一体化，特别是互联网的产生使世界真正成为“地球村”，思想政治教育作为提升人的思想政治素质的重要途径，其学科发展要想恰当地反映社会存在，并在此基础上促进人的自由全面发展，强化思想政治教育发展的互联网思维势在必行。

互联网思维当然也具有人类思维的共性，离不开概念、判断、推理，也使用分析、归纳、综合演绎，也包含抽象思维、形象思维、直觉思维等。互联网思维也必须从实际出发。互联网思维的生成依赖于网络工具及网络技术的充分利用，是人们在社会生活中对自身的生存与发展自觉做出的网络化思考方式，这种思维充分重视网络公众平台及其信息资源的共享性，塑造平等交流、民主互动的网络生存空间。这种“互联互通，共享共治”的网络空间，为思想政治教育发展提供了广阔空间与良好载体，有利于现代人在多元价值的审视与选择中提升思想政治素质，同时，各种信息和内容的良莠不齐也为思想政治教育发展带来新的挑战，其负面影响客观上对现代人的健康成长与幸福生活形成阻滞力。因此，思想政治教育发展的互联网思维，就是要对思想政治教育的发展生态做出网络化思考，既要重视开放环境中互联网对思想政治教育发展的积极意义，也要研究互联网对思想政治教育发展提出的严峻挑战。

1. 互联网思维对思想政治教育的冲击

（1）互联网思维冲击了传统思想政治教育的灌输理论。灌输理论是确立思想政治教育地位、作用、方针、原则、任务、内容的直接理论依据。列宁明确提出了“灌输论”并对其进行了深刻阐述。他说：“工人本来也不可能有社会民主主义的意识。这种意识只能从外面灌输进去。”“从外面灌输”就是向工人灌输他们之前并不了解和掌握的思想，而这种先进的思想体系工人们不可能不学而知，不可能在人的头脑中自发产生，只能通过灌输引导工人自觉学习才能掌握先进的思想。因此，灌输就是对马克思主义中国化最新理论成果等思想政治教育内容进行具体阐释，将思想灌注和输送给被教育者，促使其通过学习、教育、实践，提高政治意识和思想觉悟。这是思想政治教育最根本、最直接的方式。

而互联网是没有中心节点的网状结构，虽然不同节点有不同的权重，但没有一个点是绝对的权威。互联网技术的结构决定了它内在精神是去中心化，是分布式，是平等的。随着“互联网+”时代的到来，人们生存状态的网络化程度越来越高、越来越普及，青少年群体已普遍形成了网络化的生存方式与生活习惯，他们对知识的获取和认知已不再简单地服从于权威发布的信息和内容，而是不断尝试用互联网上获取的碎片化知识和经验来形成自我对信息的内部加工，重构对现象和事物的自我认知，挑战简单说教的权威。但与此对应的一些思想政治教育者却在生活状态的“网络化”程度上逊色于青少年群体，尚未完成新形势下的“思维升级”，确切地说，还没有真正形成与时代发展相一致的互联网思维。互联网思维使本就困难重重的必要理论灌输变得更加举步维艰，受教育者也更具有质疑精神。不断强化的灌输教育使得教育者与受教育者之间距离拉大,教育效果不甚理想。

（2）互联网思维打破了传统思想政治教育的单向思维模式。在传统的思想政7治教育中，教师普遍具有理论上的优势，处于思想政治教育的权威地位，思想政治教育的信息传递机制通常都是“教育者—受教育者”自上而下的单向灌输模式，虽然具有直接性和易于控制的优点，但由于人际交往中的逆反等心理因素制约，信息传递相对缓慢，受教育者常常是被动接受灌输教育，教育效果很多时候具有暂时性和表面性。而互联网思维本质上是一种开放性思维。它给予思想政治教育更多与多元文化碰撞的机遇，同时也在一定程度上削弱了传统思想政治教育的“权”。在“互联网+”时代，大学生可以绕过教师，借助网络便捷迅速地积极寻找、选择和主动吸收自己需要的信息，甚至在某些领域的知识掌握程度还要高于教师，使得教师对知识的垄断性地位丧失。因此，在一定意义上可以说，互联网思维打破了传统思想政治教育的单向度思维模式，迫使广大思想政治教育者要高度重视思想政治受教育者的主观能动性，重新构建思想政治教育的师生对话模式，整合思想政治教育，使自身更具包容性，应对教育者权威消解的威胁。面对这种情况，传统的由教师对学生进行单向理论灌输的模式已显然不能较好地适应时代发展的要求，时代发展促使思想政治教育需要催生新的教育理念。

（3）互联网思维消融了传统思想政治教育的实体性思维。实体性思维方式是指把存在预设为实体、把宇宙万物理解为实体的集合，并以此为前提诠释一切的思维，是以“实体”眼光看待一切的思维，是古希腊人追求宇宙“始基”和“质料”到近代西方哲学家分析物质所采取的哲学思维。实体性思维方式认为，事物的质和属性是事物本身所固有的，与该事物直接统一。这种事物的“质”是坚实的不可消解的，或者说，它的消解就是物质的消解，这种事物的根据就在自身之中，是自足、封闭、孤立的，事物的质是既定的、“本来的”、预定的；事物的质不存在生成的问题；不是在过程中“成为”它的。因此，实体性思维是一种封闭性思维方式。实体性思维反映在思想政治教育内容上，主要表现为重视教育对象对于知识的掌握情况，却忽视其内在的道德养成。在一些传统的思想政治教育中，传授知识的教育教学目标都是预设好的，教育教学内容是依据规定的教学大纲和教材而确定，教学方法的选择也是为了实现这一规定性的教育教学目标。很多教师受其单一思维方式的局限，不能充分发挥教学主体的能动性和创造性，多采取单一的教学方法，利用其权威地位，照本宣科，填压式教学。学生成为被动接受的客体对象，而不是能动的学习主体。教材内容被教条化、绝对化，教师难以有自己创造性的见解，也难以给学生独立思考的空间。而实际上，大学生内在的道德养成是难以进行预设的，不是单纯的认识活动，恰恰需要在思想政治教育教学过程中，在教师、学生、教材、环境等多种因素的持续相互作用中动态生长。互联网思维的开放性恰好消融了思想政治教育内容的封闭性。互联网时代的开放性，让整个教育教学过程始终在开放的信息环境中，学生对已知的结论性知识的把握已经不是主要目的，统一的教材成为学生迸发思想火花的资源，课程成为学生体验生命意义、实现自我超越的空间，学生的思想和观念处于不同价值观念、不同文化的相互碰撞和交融中，教育过程呈现开放、动态的生成状态，成为促进大学生自我可持续发展的重要基础。互联网的这种开放性思维要求思想政治教育要能根据环境的变化及时做出自身调整，既要重视大学生知识体系的形成，也要注重在整个教育过程中实时对受教育者价值观涵养与确立过程的关注与引导。

（4）互联网思维容易引发大学生的精神空虚感。互联网思维的开放性在一定程度上也容易引发大学生的精神空虚感。互联网思维的开放性特质有助于开阔大学生的眼界，既能推动其创造性思维，却也容易导致大学生在开放的网络空间中迷失方向，把虚拟的网络社交与现实的社会交往混淆，沉溺于其中而无法自拔，甚至丧失基本的人际交往能力，精神空虚感油然而生。当前大学生独生子女现象普遍，与同辈间互动的机会较少，孤独感明显，使得大学生乐于借助互联网这一虚拟的网络平台寻找心灵慰藉，排解内心的空虚。但正因如此，也更加容易导致一部分大学生与现实社会的距离不断拉大，对现实社会的人际交往产生排斥与恐惧，更进一步引发内心的孤独感和空虚感。因此，思想政治教育者要善于利用互联网平台组织、发布各类有针对性的活动，通过开展有效的思想政治教育实践活动，帮助大学生构建有意义的生活。互联网思维加大了思想政治教育的监管难度。互联网发布的信息虽然具有即时性、隐蔽性的特点，但一些与社会主义主流意识形态背道而驰的社会思潮、价值理念也在肆无忌惮地冲击着社会发展的各个领域，不断影响与侵蚀着学生的精神家园，互联网价值传播的裂变性特点决定了思想政治教育的网络监管必须从源头抓起。但监管绝不是“堵塞”，而是要“引导、疏导”，要广开言路，给民众发声、表达己见的机会，集思广益，让人们能把各自的观点和意见都充分发表出来，在此基础上，对各种不同的思想和言论进行引导。对此，高校必须建立网上公众平台，由专人负责监督、管理，使大学生能方便地采取合理的方式、合法的渠道来表达自己的诉求；同时，还要留意、关注多媒体动态，重视“微意见领袖”的培养，鼓励广大师生能积极参与到“微意见领袖”的队伍中来，让更多积极、健康、向上的内容充盈于网络，使网络上的自由表达更具理性。互联网的这种开放思维，无形中让思想政治教育的监管难度不断加大。

2. 互联网思维在思想政治教育中的运用

“互联网+”时代要做好思想政治教育，实现教育的升级转型，就要把思想政治教育和互联网思维结合才能真正做好。互联网思维的核心是用户思维，是深度理解用户，贯彻“用户体验至上”，注重人的价值体现的思维模式。而思想政治教育是运用马克思主义理论与方法，专门研究人的思想品德形成、发展和思想政治教育规律，对受教育者进行爱国主义、集体主义、社会主义的教育。开展思想政治教育的目的是要培育有理想、有道德、有文化、有纪律的社会主义新人，促进人的全面发展。互联网与思想政治教育一个站位于新锐，一个立足于本质。两者既有趋同点，又有差异性。要想在“互联网+”时代进行思想政治教育改革，就需要将两种思维进行融合，既能在思想政治教育的过程中兼顾教学要求和教学质量，又搭乘“互联网+”的风力，让两者相加大于2，而不是此消彼长。

恩格斯指出：“每一时代的理论思维，包括我们时代的理论思维，都是一种历史的产物，在不同的时代具有非常不同的形式，并因而具有非常不同的内容。”一种思维的理论不是一成不变的“永恒真理”。思想政治教育是武装人的头脑，引领人们形成科学世界观、人生观、价值观的重要学科和基本路径。因此，面对“互联网+”时代的到来，思想政治教育必须与时俱进，积极吸纳互联网思维网状、立体结构和价值传播的优势，确立与时代发展相一致的思维方式，用网络化思考营造网络化教育生态环境，拓展互联网载体，开辟互联网教育路径，创新互联网教育模式，科学回应社会生活信息化、网络化的发展趋势。

一方面，发展思想政治教育的互联网思维，符合环境变化趋势。现代人的信息在很大程度上是在互联网上获取的，互联网已经日益成为公众生活密不可分的一部分，这种互联网发展所构造的网络环境对思想政治教育影响非常大。越来越多的家庭和个人成为互联网的使用者，互联网已经成为思想政治教育不可回避的重要生态环境。互联网的发展建构了一个与现实社会相互区别又紧密联系的虚拟世界，青年学生在这个虚拟世界的生存与发展，为实现其全面发展提供了新的活动领域，同时也引发了青年学生在虚拟与现实之间活动的矛盾和问题。思想政治教育需要积极应对教育环境带来的影响，学会用互联网的思维优化教育环境，改进教育教学的方式和手段。

另一方面，发展思想政治教育的互联网思维，符合广大青年学生学习需求。互联网思维打破了传统思想政治教育自上而下的单向价值传播方式，它塑造了平等交流、民主互动的网络生存空间，强调每个人都是一个信息发布方、精神辐射源，人们在虚拟、平等、互动的网络环境中交流思想、探讨生活，其对广大网络参与者的影响是全方位、深层次的，甚至在一定意义上改变了社会结构、社会关系。青年学生是互联网运用的主体，他们既是网络价值观的传播者，也是网络价值观的受众和对象。而互联网所传播的信息与价值理念具有强烈的价值导向性，对广大青年学生有极强的影响力，这正是思想政治教育引进互联网思维的关键所在。因此，新形势下提升思想政治教育的实效性，必须强化思想政治教育的互联网思维，摆脱原有教育思维的框架，重视去中心化的互动交流，形成普遍交往并不断激起青年学生的参与和学习热情，帮助学生在盘根错节的信息、文化中筛选，作出自己的判断并且最终付诸行动。

运用互联网思维，发展思想政治教育环境多元立体构建思维。“万物皆可互联”的特性让“互联网+思想政治教育”不再局限于“在线教育”，而是给教育的全过程、各环节带来更多更深刻的改变，重塑了一个开放创新的教育生态环境。思想政治教育需要积极发展多元立体构建和优化教育环境的思维，从互联网主体的自我改造与自我把握，网络环境的外部约束与管理，网络资源的利用与开发等方面，整合线上与线下、课内与课外、学校与社会等教育资源和手段，建立健全立体复合的“大思政格局”的育人环境，营造教育信息全时空、全覆盖有效传播的整体氛围，从而促进“互联网+”思想政治教育的顺利开展，增强思想政治教育的实际效果。

运用互联网思维，发展大学生的学习创新思维。互联网将全世界的智慧和知识集中在一个开放共享的大平台上，大大缩短了人类获取知识的成本，带给人们更为宽广的思维空间，也改变了人们的学习方式，人机交互模式、人工智能、游戏化设计等正在不断重构着人们的学习过程，刺激并不断提升着人们的学习体验，引发了一场人类新的学习革命。思想政治教育要顺应“互联网+”时代人们学习空间的多维变化和学习方式的变革，积极应对互联网发展所带来的信息超载和知识碎片化影响，发展学习创新思维，引导大学生学会面对海量的信息源正确搜索和选择信息，主动摄取对个体知识建构有价值的信息，有意识地将这些信息与自身原有知识体系进行融合连接，建构个体知识体系，并重视对碎片化知识进行创造性重构，以提高学习质量。

运用互联网思维，发展思想政治教育师生平等交互思维。如何确定思想政治教育者与受教育者之间的关系一直是学术界富有争论的问题。有的学者认为“思想政治教育的主体和对象是一个十分清楚、也不复杂的问题。

加强思想政治教育教学的针对性、有效性，提升思想政治教育的质量和效果，应该毫不动摇地把着力点放在教育者主体身上，并使教育者主体认识到，这是自身的责任，必须花大力气才能实现思想政治教育状况的根本好转。”也有学者认为“在思想政治教育过程中，教育者和受教育者都是主动行为者，都具有主动教育功能，因而都是思想政治教育过程的主体”。其实，不论是“主体说”还是“双主体说”，抑或其他观点，在思想政治教育中，教育者和受教育者均是具有认识和实践能力的人，也是具有理解能力的社会个体，思想政治教育的实施过程不是简单的灌输，而是教育者与受教育者之间相互沟通、讨论，达成“共识真理”的过程。互联网恰好就构成了思想政治教育过程中师生平等交互的基本阵地和发展平台。在互联网环境中，网络交往的平等性、虚拟性与互动性，消除了人际交往中地位、行业等的差别和界限，师生在教育关系中的地位是平等的，思想政治教育者居高临下对教育对象进行说教式的灌输难以有效实施。同时，互联网信息的分享具有强烈的大众参与和自主选择性，充分尊重受教育者个体的独立个性和选择权利，使得传统思想政治教育中师生上下垂直型角色关系在互联网遭受了严重挑战，受教育者的地位得到了有力提升。另外，也使得思想政治教育者高深、晦涩的理论解读与价值传播容易击垮教育对象的学习热情，网络语言的简洁性必须对其话语体系进行重构。互联网思维，要求思想政治教育者不论是在现实社会还是在网络空间中，都要在交互主体彼此信任的基础上，建立师生之间的良性互动。教育者要以一种平和的姿态与教育对象交流沟通，走进他们的心灵深处。

运用互联网思维，发展思想政治课程动态重构思维。当代大学生思维活跃，富有质疑精神；掌握信息速度快，却辨别力不强；富有激情，又难免叛逆。针对这样特殊的教育对象，传统的思想政治预设课程显然已经很难达到预期成效。多媒体技术、互联网技术、移动智能技术、虚拟现实技术以及融合了云计算和大数据思维的学习分析技术等相继介入课程，不仅在物化结构上促成了课程的重大历史突破，也对课程传递方式形成了强烈的冲击。纸媒大一统的时代，课程及时更新和互动生成不足，而信息技术以其非线性网状信息架构模式打破了纸本平面、静态、封闭的内容编排方式，被认为有助于推动课程通过开辟广泛互动与平等对话的渠道来充分调动和释放使用者的参与及创造热情。因此，思想政治理论课要在坚守第一课堂主渠道的基础上，发展课程动态重构思维，强调课程的生成特性，注重大学生在课程实施过程中的主观能动性发挥，以适应当前互联网没有中心节点网状结构的特性，以及大学生网络化程度越来越高的趋势，推动大学生主动建构生成知识经验。

运用互联网思维，发展思想政治教学互动相融思维。大学生们更愿意通过资源共享和互动交流的形式来获取更多的知识。因此，思想政治理论课教学要发展师生互动相融思维，让课堂成为师生交流、互动的重要场所，让教学成为师生共同分享知识、相互促进、相互影响的教与学的过程。

综上，互联网的开放、立体、去中心化的思维，使得思想政治教育摆脱了原有教育思维的框架，逐渐显现出环境开放、学习碎片重构、师生密切互动、课程动态、教学多元等多因素相融转型的态势。而所有的变革都围绕促进学生成长成才这一中心展开，分析教育对象的心理需要与发展需要，在现实生活与网络空间中，引导他们不断实现自身的自我价值和社会价值。

第二节　互联网时代思想政治教育环境的变化与提升

一、思想政治教育环境概述

思想政治环境是思想政治教育的外在条件，同时也是思想政治教育的重要组成部分。思想政治教育环境影响人们的思想以及行为，它在思想政治教育中起着基础的作用，影响教育的进程和效能。思想政治教育环境的类型多种多样，内涵十分丰富。现代教育离不开思想政治教育的环境，思想政治教育环境也离不开优秀的现代教育，二者相互联系，相互作用，呈现鲜明的时代特征。在“互联网 +”时代，思想政治教育受环境的影响越来越大，因此，要想开展和推进思想政治教育，建立完善的思想政治教育学科体系，选择和优化思想政治教育的环境势在必行。

（一）思想政治教育环境的内涵

马克思主义认为人和环境互相作用，有着千丝万缕的联系。人可以改造环境，环境可以创造人。人受环境的熏陶，可以影响人的性格的形成；

环境可以人为的改造，人可以按照自己的意志选择环境、改造和利用环境，环境与人是辩证统一的关系。优良的教育环境能以各种健康、积极的因素催人向上，激发人对真、善、美的追求，恶劣的教育环境以它消极腐朽的因素影响人的思想，把人推向错误的方向。环境是指周围所存在的条件，一般分为自然环境与人文环境，对不同的对象和学科而言，环境所包含的内容也不尽相同。

思想政治教育的环境是指所有影响思想政治教育、影响人的行为和思想的外在因素。思想政治教育和思想政治教育环境二者是对立统一的关系，二者相互作用。思想政治教育的环境影响思想政治教育活动的展开，它制约着思想政治教育的发展，从而影响人的思想政治品德的形成和发展；思想政治教育对思想政治教育环境有强大的再造功能，思想政治教育的能动作用推动环境的发展变化。所以说，二者是作用力和反作用力的关系。

关于思想政治教育环境的内涵，我国的学者做过很多的研究，形成了以下四种观点：第一种观点认为，思想政治教育环境其实是受教育对象周围存在的一些客观事实，这些客观事实影响思想政治教育对象的思想政治品德的形成；第二种观点认为，思想政治教育环境分为广义和狭义两种，广义的思想政治环境其实是指思想政治教育对象周围的客观因素，而狭义的思想政治教育环境就是思想政治教育者根据学生的能力、素质以及教育的目标所设定的一些外在的环境，这个环境是人造的环境，目的是对思想政治教育对象产生感染激励的作用，以促进其能力的发展；第三种观点认为，思想政治教育环境其实是影响人们思想政治品德形成以及影响思想政治教育活动的外在因素的总和；第四种观点认为思想政治教育环境是思想政治教育的重要的一部分，是经过思想政治教育活动调控、计划、制造而成的，目的就是为了保证思想政治教育活动的顺利展开，为其提供良好的环境。除了上面大家认同的这四种观点之外，我国有很多学者从不同的角度切入，研究了思想政治教育环境的内涵，为其赋予了丰富的含义。

通过上面的论述，我们知道思想政治教育环境是思想政治教育系统中的一个子系统，是思想政治教育不可缺少的一个重要部分。它是影响思想政治教育的外在因素的总和，它能够影响人的行为以及人的思想政治品德的形成，给人们的思想政治教育进程提供客观基础。从微观上讲，思想政治教育环境的定义可以包含以下几个方面：第一，思想政治教育环境包含了影响思想政治教育的一切外在的因素，而外在因素这个说法是非常广泛的，也就是说，影响思想政治教育的外部因素的内容非常宽泛，形式也十分复杂。第二，针对不同时间、不同地点、不同的工作方式、不同的接受对象，思想政治教育的环境要素也是不相同的，即不是环境的一切因素都是思想政治教育的环境要素。只有那些影响教育者与受教育者的思想和行为的因素，只有那些与思想政治教育的目标、内容、方式和进程有关联才能够成为思想政治教育环境。思想政治教育的环境是具体的而不是抽象的，是相对的而不是绝对的，是以时间、地点、条件为转移的。同时，由于思想政治教育是一个动态的过程，社会环境处在不断变化中，所以思想政治教育环境随着社会的发展也在不断的变化。第三，思想政治教育环境和思想政治教育是对立统一、相互作用、相辅相成的关系。思想政治教育环境决定着思想政治教育活动是否能够顺利地展开，可以促进思想政治教育活动的开展；思想政治教育活动帮助、促进教育者与受教育者认识、选择、利用、改造环境。

（二）思想政治教育环境的类型

要想更加全面地了解思想政治教育环境，就必须将其分类。但是思想政治教育环境内涵广泛，学术界对其分类也有很多不同的看法。下面着重研究以下几种观点：第一种观点将思想政治教育环境分为三种类型，即根据构成环境的要素性质的不同，可以将环境分为自然环境和社会环境；以环境大小为标准划分，可以将环境分为宏观环境和微观环境；根据环境内容不同，可以将环境分为物质环境和精神环境。第二种观点，我国学者陈秉公认为思想政治教育环境根据内容的不同，可以分为物质环境和精神环境，进一步也可以划分为社会环境、单位环境、家庭环境和社交环境。第三种观点，认为思想政治教育环境根据其范围、性质、内容不同可以划分为不同的类型。根据范围来划分，可以分为微观、中观、宏观环境；按照性质不同可以划分为良性环境和恶性环境；按照内容不同可以划分为社会的物质环境和精神环境。我国学者李辉在研究中发现，随着现代科技的发展，传统的思想政治教育已经不能适应现在的新型社会，它随着时代的变化而形成了一种新型的模式，人们因此开始关注互联网。在进行思想政治教育环境的研究时，除了要研究传统的家庭环境、社会环境、工作环境、物质环境、精神环境等，还要研究互联网环境。

综上分析，我们认为按照不同的标准，可将思想政治教育环境分为不同的类型：

（1）根据范围不同，可将思想政治教育环境分为宏观环境、中观环境和微观环境。思想政治教育宏观环境，也称为大环境，是指国内与国际的经济、政治、文化和社会思潮。中观环境是指思想政治教育所处的特定的环境，例如地区环境等。微观环境是指家庭、学校、单位、街道、社区等环境。

（2）根据构成要素的不同，可分为自然环境和社会环境。自然环境，是指环绕并影响人的思想、行为和思想政治教育的自然物质因素的总和。自然环境对人的思想影响，是通过人与自然的关系表现出来的。不同的自然环境，会对人们的思想留下不同的烙印，也会对思想政治教育产生不同的影响。社会环境，是指环绕在思想政治教育对象周围的社会因素的总和。社会环境不是凭空形成的，是在自然环境的基础上形成的，并不断改变、优化自然环境。

（3）根据思想政治教育环境内容不同，可将其分为政治环境、经济环境和文化环境。政治环境是通过政治制度、政治理论、政策方针等产生影响的。经济环境是通过分配制度、经济发展水平、物质条件占有等方面产生影响的。文化环境则是通过大众传媒、文化产品、文化场馆等发挥作用的。

（4）根据思想政治教育环境的性质不同，可分为顺境、常境和逆境。顺境是指有利于思想政治教育活动开展的环境；常景是指一般环境，既不促进其发展，也不阻碍其发展；逆境是指阻碍思想政治教育发展的因素，指的是一些干扰和阻碍因素。

（三）思想政治教育环境的特征

1. 广泛性

思想政治教育环境是一个大系统，这个大系统关系着方方面面，从空间上看，有国内的、国外的环境；从性质上看，有物质的、精神的环境，有政治环境、经济环境、文化环境；从时间上看，有历史的、现实的环境。随着社会的发展，思想政治教育环境的分类将会越来越多，内容也会越来越细化，思想政治教育环境对思想政治教育全过程的影响会越来越大。所以，思想政治教育环境的含义非常广泛。

2. 开放性

思想政治教育环境，因为没有时间和空间上的限制，所以分类非常复杂，甚至范围很难确定，也不能完全封闭，尤其是进入互联网时代，环境影响因素更是突破了时空概念的限制。有时候随着社会的发展速度过快，人的思想并不会那么紧随社会的脚步。所以，在空间和时间上，思想政治教育环境以及人的思想政治观念并不是同步的。思想政治教育不能把人禁锢在一定的时间和空间上，因此，思想政治教育环境是开放的。

3. 可变可创性

可变可创性，即社会环境发生变化并可以进行环境创造。环境对思想政治教育的影响，不是固定不变的，而是变化的、优化的动态性特点。环境对思想政治教育影响之所以可变可创，是因为环境自身是可以改造的。

4. 潜移默化性

环境的各种因素，都在直接或间接地影响着人们。特别是人们周围的环境因素，总是在向人们发出各种各样的信息并熏陶、感染人的思想，使人们的情绪、思想及行为习惯，在潜移默化中受到环境的影响而表现出来。

除了以上几个特点之外，思想政治教育环境还有动态性和复杂性等特点。

二、“互联网 +”时代思想政治教育环境

互联网的发展，给我国的教育带来了新的机遇和挑战。“互联网 +”技术在教育领域的广泛应用，给我国的教育发展带来了前所未有的机遇，为我国的教育发展提供了强大的技术支持和平台。随着互联网的发展，从教育、购物、生活、娱乐等各个方面，互联网都已渗透到人们的生活中。有很多大的学习网站的建立，为教育的发展提供了强大的平台。互联网技术在教育各个领域的应用和影响会给我们的教育带来深刻的变革，同时也会改变教育的生态环境。

“互联网 + 思想政治教育”是与互联网技术的发展息息相关的，“思想政治教育与网络技术的新结合，不是被动的无奈之举，而是我们主动适应新的环境做出的选择。”“互联网 +”时代的思想政治教育，就是在互联网时代背景下对传统思想政治教育的继承与发展，它是一种以官方意识形态为主，将网络作为阵地的教育。

（一）“互联网 +”时代思想政治教育环境的内涵

所谓网络环境，是指将分布在不同地点的多个多媒体计算机互联，依据某种协议互相通信，实现软、硬件及其网络信息共享的系统。在理解这一界定时，要把握几个要点，一是网络是由节点和连线构成的，有诸多对象相互联系，构成了一个相互合作和支持的场所或虚拟的现实空间；二是在网络环境中传递、交流、存储的信息，由上网者提供、享用，即上网者

既是网络环境的主体，又是其他上网者的环境因素；三是网络环境要依据某种协议构建并不断丰富和发展，这也保证了网络环境的有序性。

我国的学者对网络思想政治环境进行了诸多的研究，学者李辉从思想政治教育的大环境入手，深入研究了网络虚拟环境对思想政治教育的影响和意义。李辉认为，虚拟环境是一种与现实环境极度相似的仿真环境，也叫做虚拟现实。虚拟的环境包含虚拟的经济环境、虚拟的社会环境、虚拟的社区环境、虚拟的人物关系、虚拟的文化氛围等。在这些虚拟的环境中，虚拟的人物关系、虚拟的社区环境和虚拟的文化氛围与人息息相关。虚拟环境具有虚拟性、开放性、动态性、瞬时性等特点，在李辉的著作《现代思想政治教育学》中将虚拟环境定义为用计算机网络设置的虚拟场景以及体验，它是根据人们的目标利用计算机程序设置出来的虚拟维度。虚拟环境拓展了思想政治教育的路径，对思想政治教育工作有深远的影响。互联网在思想政治教育方面的应用，形成了思想政治教育的新模式，人们通过互联网模拟现实生活中的场景和人物，同样能够对思想政治教育产生良好的示范作用，改变传统的思想政治教育理念和模式。但是，网络虚拟环境对思想政治教育的影响会引起教育对象对于现实和虚幻的矛盾。在网络虚拟的环境中，由于使用者都是匿名的，在网络交往过程中，谁也不知道对方的真实身份，所以，在没有约束的情况下，容易引起道德失范行为。我国学者吴满意在自己的著作中也深入研究过高校网络思想政治教育的环境问题，他认为高校的思想政治教育网络环境就是师生通过互联网与计算机所建立的虚拟的网络环境，这个网络环境是教职工与学生能够直接接触到的。它对学生和教职工的行为能够产生深远影响，是一种物质和精神的氛围。高校的信息围绕在高校互联网使用对象的周围，对使用对象的行为、思想和道德产生影响。

互联网背景下的高校思想政治教育其实是对传统的思想政治教育的一个发展和继承，这主要表现在互联网背景下思想政治教育工作的政治性。互联网背景下的思想政治教育，其实是以传统的思想政治教育的法理和逻辑基础为主要思想内涵的。互联网强化了思想政治教育和意识形态的色彩并且将其复杂化，互联网将传统的思想政治教育阵地和教学方式都进行了继承和发展，并且进行完善。互联网的发展对传统的教育模式和教育对象都有深远的影响。思想政治教育的实践活动是网络思想政治教育的核心基础，它是网络思想政治的精髓来源。对于一些不能够对教育对象产生思想政治教育作用的因素，不列入网络思想政治环境范围。

（二）“互联网 +”时代思想政治教育环境的特点

1. 信息量大，具有开放性

随着信息技术的快速发展，人类社会开始进入大数据时代。在这样的背景下，互联网环境信息数量急剧增长，人们的一切行为几乎都以数据的形式被互联网记录、储存和处理。海量信息既给思想政治教育提供了丰富的教育内容，也提出了严峻的挑战。“互联网 +”思想政治教育环境具有开放性，它可以开拓人们的视野，将其放大到全球的范围，同时也可以扩大人们的交际范围，使个人的交往不受地域的限制。西方一些国家利用互联网向其他国家传播自己国家的意识形态、发展观念和生活方式等，对发展中国家发展产生了影响，为发展中国家带来了机遇和挑战。互联网让人们的生活更加透明，在互联网环境中，人们已经打破了一些公共的领域和私人的领域，让原本隐性的一些东西，透明地呈现在网民的面前。互联网改变人们传统观念并且进行革新，互联网的环境和范围非常得广泛，有一些现实生活中人们注意不到的层面，在互联网中却能引起人们的注意。互联网能够给主流社会发展提供广阔的平台，这就是它的开放性。

2. 延伸和拓展现实社会环境，具有虚拟实在性

网络的虚拟环境其实是一个仿真的现实社会，是对现实社会的反映以及模拟。但是，在某些方面又超越了现实社会中的局限。在互联网环境中，因为开放性，可以更好地拓展人们的交际。现实生活中，人们因为各种方面的避讳，很难吐露心声，甚至张扬自己的个性。但是在互联网环境中，有利于人们吐露真情实感，张扬个性和能力。互联网消除了空间和时间的障碍，在教育方面互联网给教育对象提供大量的教育资源，同时通过网络的交流，使教育者可以了解教育对象的一些真实的动态，能够更好地促进教育对象的发展，从而提升学生各方面的能力。但是，虚拟的网络环境也有一个弊端，便是容易使人缺乏责任感甚至引发道德失范行为，在一定程度上削弱了思想教育的作用。所以，虚拟的网络环境要和现实的环境结合起来，相互配合才能实现最佳的思想政治教育状态。

3. 信息的性质和类型多，具有多样性和复杂性

“互联网 +”思想政治教育环境的信息量不仅爆炸式增长，信息的性质与种类也极其繁多。如果按照信息的性质划分，有真实信息与虚假信息，有正面信息与负面信息，有积极的信息与消极的信息等。如果按照信息的内容划分，则有政治、经济、文化、社会、生活、娱乐等信息，有历史的

与现实的信息，有国内与国外的信息等。因此，“互联网 +”思想政治教育环境具有多样性和复杂性。

4. 信息传递、变化快速，具有影响的广泛性

网络是以现代信息技术为手段，以庞大的网络系统为平台传递信息，这就使得它能够以文字、图片、音频、视频等形式，将海量的信息非常快捷地传递给人们，从而对人们的思想和思想政治教育产生广泛的影响，“互联网 +”思想政治教育环境具有影响的广泛性。

三、“互联网 +”时代思想政治教育环境的优化

当前，QQ、微博、微信、客户端等新型社交媒体快速涌现，互联网为人们提供了越来越便捷的交流和学习平台。“以互联网为代表的信息处理方式，逐渐成为现代社会公众信息交流、知识获取、情感表达的重要手段。”在当前的高校生活中，随着互联网的发展，一些比较方便的软件和APP，得到了大学生的广泛运用。例如微信、微博、QQ 等交流工具成为大学生手机中必不可少的软件，这是大学生网络生活离不开的一些工具，在为大学生提供娱乐的同时，这些手段也为互联网环境下的思想政治教育工作提供了广泛的路径和平台。QQ 和微信的发展，一定程度上替代了传统学生之间的交流方式，学生们形成了 QQ 群、微信群、活动群等，这使高校的思想政治教育工作有了更好的土壤。现在有很多大学开始利用大数据和云技术发展高校网络思想政治教育。

在互联网飞速发展的今天，高校要非常重视思想政治教育工作。在这项教育过程中，不能只是被动地接受和改变，而要主动迎接挑战，根据学校的特点特质，利用互联网发掘适合本校能够为自己所用的“互联网 +”技术，增强高校思想政治教育工作的效能。

（一）“互联网 +”时代思想政治教育环境的优化原则

1. 主体性原则

思想政治教育是德育的教育，教育者是人，教育对象也是人，所以要以人为本。做好高校思想政治家教育，要充分调动大学生的主观能动性，培养大学生的主动自觉意识，激发大学生的创造和创新能力，从而促进大学生的健康、全面发展。“互联网 +”思想政治教育环境要适应互联网的平等自主性特点，坚持以人为本的主体性原则，坚持尊重人、关心人、理解人、鼓舞人。高校思想政治工作做好“以人为本”这一点，就会提升思想

政治教育工作的效能。一切从学生出发，将学生的精神需求作为网络思想政治教育工作的起点和落脚点，为加强思想政治教育功能打下坚实的基础。

2. 主动建设和创新性原则

"互联网 +"思想政治教育环境是信息技术构建的虚拟空间和虚拟环境。互联网存在的前提要素就是网络信息技术的发展，这是最为关键的一部分。要想完善网络思想政治教育环境就必须要加强对互联网信息技术的应用，让互联网网络技术真正为人们所掌握和使用。高校要主动依靠、积极运用互联网技术，充分发挥互联网技术，让互联网高校思想政治教育工作服务。更重要的是高校要把握"互联网 +"思想政治教育环境对人思想形成和发展的影响规律，并在遵循这一规律的基础上，主动地建设和创新优良的育人环境，提倡互联网文明发展，坚决抵制黄、赌、毒等一些有害文化，防止他们腐蚀大学生的生活和精神状态。要努力建设一批具有良好网络环境的网上交流平台、网络空间、网络社区、健康的网络游戏等，给互联网思想政治教育工作提供风清气正的环境，使其达到最佳的教育效果。

3. 分类教育的针对性原则

"互联网 +"思想政治教育对象的思想存在差异性，网络思想政治教育工作要根据教育对象的不同特点分层次进行。根据不同层次的对象设定不同的效果和目标，采用不同的方式方法进行教育，使教育目标符合教育对象的现实情况以及思想实际。针对每个层次的学生开展不同的思想政治教育实践活动，这就是思想教育活动的针对性原则。坚持分类教育的针对性原则，就是高校要在保证优化"互联网 +"思想政治教育环境的同时，一切从实际出发，有针对性地进行教育活动。

4. 强化积极性原则

"互联网 +"思想政治教育环境对大学生的思想和思想政治教育产生广泛的影响，这些影响概括起来主要呈现为积极影响和消极影响。"互联网 +"思想政治教育环境的积极影响主要表现有：一是及时为思想政治教育提供丰富、形式多样的信息，使思想政治教育的内容充实鲜活，富有说服力与影响力；并可以在网络上进行分析、比较，吸收思想政治教育的经验，接受新的教育理念和新生事物，保证教育活动取得好的效果。二是提供人际交往的特殊空间，使交流的双方不仅近在咫尺，各自可以看到对方的形象，听到对方的声音，而且还可以根据各自的需要，找合适的对象进行互动，这样，双方可以在短时间尽情地交流思想、情感。三是有利于培养大学生开放视野和创新能力等。充分择优选择众多因素中具有积极影响的因素来开展教育活动和行为，这也是“互联网 +”思想政治教育环境主要的影响作用。对待消极的因素，要积极地想方设法克服其影响，让教育对象的政治素养达到最佳。

（二）“互联网 +”时代思想政治教育环境的优化路径

“互联网 +”思想政治教育环境的优化如图 5-1 所示。

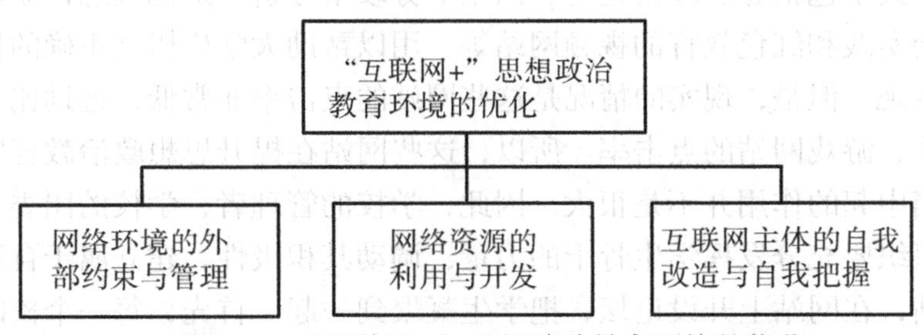

图 5-1　“互联网 +”思想政治教育环境的优化

高校要规范网络伦理准则，提高“互联网 +”思想政治教育工作者的道德素养，要把握好时代的发展要求，将信息技术与传统的思想政治教育有机融合，提升互联网环境下高校思想政治教育工作的效能。

1. 加强校园“互联网 +”思想政治教育的平台建设

当前，随着我国互联网的发展，网络基础设施的不断完善，网络覆盖、网络使用率得到很大的提升。上网成为人们生活中不可缺少的一部分，同时，互联网成为促进经济发展和社会进步的推动力。校园的网络建设也是互联网发展的一部分，学校的互联网建设也取得了很大的进步。但是，有些高校由于地处偏僻，经济落后，在互联网建设方面欠发达，这是需要我们解决的问题。网络平台建设是网络思想政治教育的基础，只有完善高校的网络平台建设，才能为高校网络思想政治教育提供良好的发展环境。优化网络思想政治教育环境必须完善互联网硬件，要积极利用微信、QQ 的作用，发挥它们的教育作用，吸引更多的大学生参与到教育中来，促进思想政治教育的开展。网络思想政治教育要充分利用它的功能，跟上时代的步伐，在学校中为学生提供完善的网络平台。“互联网 +”思想政治教育环境的优化要从思想上树立信息社会的意识，互联网已经成为人们生活中不可或缺的一部分，人们的很多工作和学习是需要在网上完成的。互联网的发展，可以形成无纸化、环保的生活方式，可以节约资源、提高学习和工作效率。高校也要紧跟时代发展，以互联网技术为依托，开发思想政治教育平台，开发与思想政治教育相关的程序和APP，用于学生的生活、学习和交流。要顺应形势及时更新网络思想政治教育平台的相关内容，扩大平台涵盖的范围，掌握网络话语主导权。

2. 完善校园主题教育网站教育功能

进入“互联网+”时代，高校优化“互联网+”思想政治教育环境就必须完善校园主题教育网站教育功能。目前，有很多高校成立了自己的教育网站，其中包括思想政治宣传、国家形势政策分析、道德理念树立以及一些社会实践和红色教育的视频网站等，用以帮助大学生树立正确的价值观和人生观。但是，现实的情况是这些网站的点击率非常低，远远比不上那些娱乐、游戏网站的点击率。所以，这些网站在提升思想政治教育实践的过程当中起的作用并不是很大。因此，学校的管理者，学校的团委、学生处等组织要充分发挥学生骨干的力量，调动其积极性，建立属于自己的主题网站，在网站上开设论坛，把学生凝聚到一起。首先，每一个校园网站都要有自己的主题和特色，经常更新一些与时俱进的信息，这些信息要具有深刻的思想性，可以起到引导学生的作用；其次，这些主题网站要充分体现学校的办学方针、办学原则，体现学校的学风、校风等，要更接地气地融入到学生的生活中，让学生从中找到归属感和亲切感。大学所办的一些主题网站要有正确优良的舆论导向，帮助学生树立正确的人生观、价值观和世界观。在网站上弘扬中华传统美德，践行社会主义核心价值观。在开发软件的同时，可以融入一些人性化的功能，使其更具有亲和力和实用性。让网站更多的去影响学生，扩大其覆盖面。最后，要用科学的理论武装这个网站，在网站上弘扬时代主旋律。

3. 提高“互联网+”思想政治教育环境的文明程度

网络是一把双刃剑，在提高人们生活质量、丰富人们生活、促进社会发展方面网络起到了不可替代的作用，但也有一些负面的影响。因为互联网是一个虚拟的世界，所以网络的一些道德规范是需要人们主动去遵守的，是需要用信念来维持的。网络行为是更加隐性的行为，没有现实生活中的一些准则的监督，有些人就会出现道德失范现象。网络本身并无好坏之分，它的积极影响和负面影响其实也都是身处其中的网民所造成的。网络可以激发人积极向上，也会使人沦落。所以提高互联网思想政治教育环境，也就是优化互联网思想政治教育环境，是具有十分重大的意义的。不能因为网络产生的一些负面现象，就将它拒在门外，我们要用一种包容的胸怀去接纳它、利用它。总结一些发达国家互联网方面的经验以及网络道德方面的一些做法，在我国形成一种风清气正的互联网环境，提高网民的个人素质，提倡网络伦理，用网络规范网民的生活，做到文明使用。其中，提高网民的个人素质是最基本的途径。

4. 提高高校网络思想工作者的职业道德素养

随着互联网的发展，在互联网背景下开展高校思想政治教育，对教育者以及思想政治教育工作者的素质要求是非常高的。因此，必须提高高校网络思想工作者的素质，建立健全、较高能力素质的教育队伍，加强培训，使他们掌握最先进的教育工具。首先，最为重要的是网络思想政治教育工作者，必须要具有较高的思想政治理论素质，能够把握马克思主义哲学的精髓，树立马克思主义的道德观、价值观。同时，要具有维护马克思主义的觉悟和责任。其次，高校网络思想教育工作者除了要有较高的理论知识以外，还必须有较强的理论，也就是网络技术水平。网络思想政治教育工作者要能够熟练地运用互联网，发现网络教育中的问题，并且解决问题，充分地利用网络教学方法使课堂更具吸引力和感染力。最后，网络思想教育工作者要具备从网络搜集与思想道德教育相关的有用知识和信息的能力，并且进行储存，转化为自己的知识，传递给受教育者。

5. 健全法律法规，科学管理互联网信息资源

我们要完善相关的法律法规，让互联网思想政治教育有法可依。要树立依法行事的作风，让网络教育在法律的保障和约束下进行。高校的网络思想政治环境的优化离不开法律的保障和支撑，只有依法治网，才能形成良好的教育环境，健全互联网法律法规显得尤为必要。我们要加强互联网安全的机制体制建设，利用现代化信息的手段，提高互联网的管理水平。

第三节　互联网时代思想政治教育路径的多元化

“互联网+”是互联网发展的新形态，它标志着互联网不再是单纯的工具或技术，已经发展为可以颠覆重构传统产业的一种思维方式，成为可以重组传统行业结构、促成变革、连接一切能源的引擎和动力之源。“互联网+”时代，运用互联网的思维探索创新路径和矛盾调解之道，给网络思想政治教育工作提供了新的方向和视角，可以实现网络思想政治教育与时俱进的目的，对增强大学生思想政治素质以及增强网络思想政治教育工作实效性具有积极的意义。

路径，一般指行事的门路、方法和步骤。思想政治教育的路径是指为了实现高校的教育目标，由思想政治教育主体组织推动的有规划、有组织、有步骤的在实践活动中所运用的主要渠道和基本方式。高校思想政治教育路径有明确的指向性，教育路径是连接教育系统内部各个要素的媒介、纽带和桥梁，高校思想政治教育路径的实施需要在教育主体的组织领导下，将各个要素合理串联起来，协调各自在教育整体中扮演的角色。基于参与协作的方式和路径是多样的，有实践路径、活动路径、管理路径、文化路径等，高校思想政治教育要利用丰富的路径提升教育的吸引力，开展更为隐性化、生活化和渗透式的教育。路径是一个系统网络，路径之间还需要沟通交流，共同发挥合力，学校、家庭和社会要为实现共同的思想政治教育目标相互协作，形成多位一体的教育合力。高校教育需要进行统筹规划和设计，路径是随着时代进步而不断开拓、创新和发展的，教育路径的拓展有助于开拓师生视野、拓展信息接收渠道，进而优化高校思想政治教育形式。综上所述，思想政治教育路径是思想政治教育工作的基础，是高校思想政治教育工作有效开展的关键环节，“互联网+”时代，要在把握已有教育路径建设丰富经验和合理做法的基础上，根据思想政治教育环境变化和时代要求，综合考虑各种因素，对既有思想政治教育路径进行整合优化，拓展新的高校思想政治教育路径。

一、坚守并优化思想政治理论课课堂教学主渠道

高校思想政治教育工作是一个系统的工程，它关乎办什么样的学校，培养什么样的人才等重大问题。高校思想政治教育工作要坚持中国共产党的领导、坚持社会主义理论。高校思想政治教育工作肩负着为国家培养优秀人才，让社会主义事业后继有人的重大使命。从宏观层面讲，高校思想政治教育工作决定着一个高校的教育理念和方针政策；从微观层面讲，高校思想政治教育工作决定了高校培养什么样的人才，怎样培养人的问题。高校思想政治教育工作是培养大学生思想政治品德的重要渠道，承担的责任和任务十分艰巨，关乎国家人才的培养、关乎学校的发展。高校思想政治工作发挥着理论武装、政治引领、思想教育和道德修养等方面的重要作用，起着形成正确的世界观、人生观、价值观和教育的重要作用。这就要求高校要进一步办好思想政治理论课，在改革开放以来思想政治理论课建设取得的基本经验基础上，深入实施高校思想政治理论课建设体系创新计

划，努力增强教学的吸引力、说服力和感染力。

（一）解决好“最先一公里”的转化和进入问题

坚守思想政治理论课的主渠道阵地，首先就要进行充分的备课，解决好“最先一公里”的问题，要以马克思主义基本原理和中国化马克思主义理论教育为核心，做好教材体系的转化，将中国特色社会主义理论体系、党的理论创新成果切实转化成生动的教学体系，转化为思想政治理论课教师的话语体系。

在选择高校教材的时候，要充分注重教材与实际的结合，理论与实践统一起来，更好地推进中国特色社会主义理论体系进教材进课堂进头脑。马克思主义基本理论是思想政治理论课的根本指导思想，更是课程的灵魂。真理的魅力和理论的价值是无可替代的。

高校思想政治理论课要善于说理，以坚实的马克思主义理论学科为基础，牢牢抓住高校思想政治教育的精髓，发挥其教育引导的作用，起到答疑解惑、指引学生的思想成长和现实发展的作用。只有这样，才能激发学生的学习兴趣，增强教学的吸引力和感染力。

当今大学生思想活跃，主体意识强烈，面对中国的快速发展和日新月异的世界变化，往往会主动追问：中国为什么会走上社会主义道路？中国人民为什么选择了中国共产党？我们又是如何走上了中国特色社会主义道路？而回答这追问，是思想政治工作的题中应有之义，就是要做好说理的工作。当今时代的主题是什么，当代国人肩负什么使命，当前国家和民族的目标何在，这关乎大学生对当下时代的判断。为了完成这些使命和目标，青年学子应该如何做，这关乎大学生对自身责任的认识。由此可见，思想政治理论课要将说理和解惑有机统一起来，为大学生解答好以上问题，使思想政治理论课的内容和方法从天上回到人间、从空中回到地上、从文本进入学生心中，内化为学生实践的方向和准则，才能使学生对国家发展方向有正确的认知、认同和认可，从而坚定对中国特色社会主义的理论自信、道路自信、制度自信和文化自信。思想政治理论课集中做好对大学生这四个意识方面的教育，才能使思想政治理论课的价值更好地体现在满足学生成长发展的理论需要上，才能真正推进中国特色社会主义理论体系进教材进课堂进头脑。让青年学生对世界有了正确的看法，对现实有了正确的判断，对自身责任有了正确的认识和定位，思想水平才能不断提高，才能在千变万化的局势面前坚定立场，不失方向，做到“乱云飞渡仍从容”，保持足够的思想定力。

因此，坚守高校思想政治理论课的主渠道，要紧紧抓住教师环节，解决好内功问题。要通过多种形式把思政课教师集中起来，集体研讨确定问题，弥补单兵作战的不足；要组织思政课教师开展定期或不定期的集中培训，学习党的理论创新成果、交流先进经验，为思政课提供学理支撑、经验集成和方法论的指导；要对一些重要问题、重要理论成果，在集体备课的基础上通过抓试讲的方式予以深化。只有这样，才能保证高校思想政治理论课做好“最后一公里”的工作，坚守好教学的主渠道。

（二）创新思想政治理论课的教学方法

方法是人们在认识世界和改造世界的过程中，为达到预期目的所采用的手段或方式。思想政治教育方法，就是教育者和受教育者在思想政治教育过程中为达到一定教育目的所采用的思想方法和工作方法。“互联网+”是当前思想政治教育成长的营养源，为思想政治教育发展提供了源源不断的养料。但“互联网+”并不能改变思想政治教育的本质。“互联网+思想政治教育”的主体仍然是“教育”，只是将思想政治教育植根于“互联网+”的土壤之上，不能再用传统的教育思维和方式去浇灌它。因此，“互联网+思想政治教育”需要我们运用互联网思维思考发展思想政治教育的理念，探索在“互联网+”土壤之上浇灌思想政治教育成长的新方法。思想政治理论课作为高校思想政治教育的主渠道，需要利用“互联网+”带来的有利条件顺势而为，在提高使用信息技术技能技巧的同时，创新教学方法，让思想政治理论课成为当前大学生真心喜爱的课程。

思想政治理论课离不开自上而下的灌输教学。思想政治理论课教师需要对马克思主义中国化最新理论成果等思想政治教育内容进行具体阐释，将思想灌注和输送给大学生，促使其通过学习、教育、实践，提高政治意识和思想觉悟。因此，灌输是思想政治理论课教学最根本、最直接的方式。但在灌输的同时，必须注意到思想政治理论课最终的教学目标不是终止于学生被动获得知识即可，而是要特别强调思想性和价值性，突出思想指引和价值引导，促使学生接受、认可知识所包含的内在价值，也就是要遵从“道”、依据“道”，塑造自我的价值观，促使大学生养成正确的政治价值观念、高尚的伦理道德情操和人格精神。而“互联网+”时代，互联网没有中心节点的网状结构孕育了其去中心化的内在精神。大学生的网络化程度越来越高，他们早已不满足于简单被动接受教师传授的知识，而是不断尝试对各种信息进行内部重构的自我认知。

因此，思想政治理论课单纯靠“说教式”“填鸭式”的灌输已很难促使大学生真正接受讲授内容，自觉提高政治意识和思想觉悟。与此同时，大学生内在的道德养成和价值观培育不是单纯的认识活动，恰恰是在教育教学过程中，在教师、学生、教材、环境等多种因素的持续相互作用中动态生长的。而互联网的开放性恰好消融了传统课堂的封闭性，让思想政治理论课教学始终处于开放、动态的生成状态中。由此可见，“互联网+”时代，思想政治理论课需要积极探索更有助于促进大学生生命对话、精神抚慰和心灵沟通的互动式教学方法。在教师的启发引导下，促进师生之间、学生之间采用对话、探讨和交流的学习方式，以调动学生学习主动性，让大学生在课程内容的不断生成中，启发创造性思维，培养学习能力，促发师生思想、情感和认识上的共鸣，以便更好引导大学生学习、内化理论知识，践行社会主义核心价值观。

思想政治理论课互动的方式有很多，开展课堂研讨式教学是提升学生课堂参与度，促进师生深度互动交流，引导大学生深入思考的有效方式。所谓研讨式教学是用研讨的方式开展教学的一种教学方法。它是以解决问题为中心，通过由教师创设问题情境，师生共同查找资料，研究、讨论、实践、探索，提出解决问题办法的方式，以使学生掌握知识和技能。研讨式教学分为研究和探讨两个阶段，下面进行具体阐述。

第一个阶段的研究是对问题本质的剖析、对问题本源的追溯，以便寻求问题的答案，从而消除疑问和解决问题。思想政治理论课课堂开展大学生研究式学习可以采用历史追溯和案例分析等方式开展。所谓历史追溯式学习就是要在授课中，带领学生沿着历史轨迹，重温历史，并用历史重演的方法，引导大学生思考“如果我们是革命先辈们，在民族危亡的时刻，该怎么办？”促使大学生提出和解决在每个历史关头面对的“新”问题，使大学生既能掌握知识，又能深刻体会历史发展的必然趋势，更加深刻地理解选择中国特色社会主义道路的必然性和正确性，有效激发学生自学学习和积极探索研究的兴趣。所谓案例分析式学习是指在思想政治理论课堂中，在教师的指导下，根据教学内容和生活实际，以典型案例为素材，组织学生进行具体分析、解剖，让学生进入特定情景具体思考“如果有一天我遇到这样的问题，应该怎么做”，通过建立真实的感受，来寻求解决问题的方案，改变大学生对所学理论知识机械记忆、浅表理解的状况，促使大学生将所学知识进行实践运用，提升大学生对生活实际问题的认知和处理能力。通过历史追溯式和案例分析式的学习，引导学生个体先对问题进行自主学习和自我思考是开展研讨式学习的重要基础，学生只有对探讨问题有了一定的认识和思考后，才能更加积极主动地参与讨论交流环节。

第二个阶段的探讨则是在前期研究的基础上，通过交流、讨论，提出自己的观点，并进行思维的碰撞过程，以达到凝聚共识、加深理解的目的。思想政治理论课教师在课堂上可通过分组，让大学生在组内对研究性学习的成果进行充分交流，鼓励大学生在主动表达自己的观点的同时，了解、借鉴其他学生和老师的想法，帮助其深化前一阶段的研究式学习，更全面、深刻地内化知识，挖掘并体会知识背后所蕴含的价值观念。最后，教师要对学生的交流和发言进行点评，对发言内容的正确性、观点的新颖性、探讨过程中学生的表现等情况进行全面而恰到好处的点评。教师要想方设法鼓励学生积极发言，排解、引导学生之间的争论，对探讨中出现的迫切需要解决的问题做出有说服力的解释和分析，并以学生讨论为依托，对教学内容进行总体把握和梳理，帮助学生在互动和观点碰撞中提高政治敏锐性和鉴别力。由此可见，研讨式教学要以学生为主体，组织学生积极参与实践探讨，透过问题看本质，解决实际问题。在研讨式教学中，学生学习的重点不是知道既定的结论即可，而是要在学习中通过教师和学生的共同研究和探讨，让学生学会掌握马克思主义的立场、观点和方法，锻炼学生根据实际情况自己发现、分析、解决问题，从而自己得出结论，真正提升课堂教学的实效性。在研讨式教学过程中，教师由知识的传授者转变为学生学习的引导者，重点从“授”转变为“导”，教师课前要对授课内容进行精心策划，设计适当的可充分研讨的问题，课上担任研讨活动的“导演”，引导学生充分扮演研讨的“主角”，创造教师与学生、学生与学生间平等互动开放的教学环境，以达到和谐共进、教学相长的境界。与此同时，教师在研讨式教学中，要注重构建师生平等的话语氛围，用“我—你”的话语方式，打破以往“师—生”单向式传递教育信息的方式，努力跨越互联网语境下与学生沟通的障碍。要积极体验微语言，主动走进学生，将教育信息转化为学生乐于接受的话语内容，用风趣、幽默的话语传递权威知识，用亲切、接地气的话语融洽师生关系，增进师生情感交流，营造学生喜爱的话语氛围，提升课程的吸引力。

（三）构建思想政治理论课的互联网话语体系

在新时期，为坚守思想政治理论课教学主渠道，使思想政治理论课的理论教学和灌输更加行之有效，还需要根据现实环境的变化建构思想政治理论课的互联网话语体系，将理论术语与现实生活话语尤其是网络化话语进行有机结合，要善于将理论学习中晦涩、抽象的术语用简单、平实且略逗趣的网络话语进行表达，使大学生可以理解和易于接受。与此同时，面对“互联网 +”时代知识的快速更新，思想政治教育者要拥有更高的理论素养，对马克思列宁主义、毛泽东思想、中国特色社会主义理论成果进行系统学习。要善于面向时代、面向不同的教育对象，有选择、有重点地调整教育内容，找准理论教学和灌输的突破口，把理论学习与大学生关注较多的实际生活和网络社交生活联系起来，扩充思想政治理论课话语范畴和内涵，提高大学生的学习热情和学习实效性，变被动学习为主动学习。

（四）处理好思想政治理论课与专业课的关系

习近平总书记在全国高校思想政治工作会议上强调：“要用好课堂教学这个主渠道，思想政治理论课要坚持在改进中加强，提升思想政治教育亲和力和针对性，满足学生成长发展需求和期待，其他各门课都要守好一段渠、种好责任田，使各类课程与思想政治理论课同向同行，形成协同效应。”德国学者赫尔曼・哈肯于 1971 年最早提出协同概念时指出：“改善每个人的生活是人类当今最重要的任务之一。无论对社会或对个人来说，这个任务所提出的问题日益复杂。自然科学、工程科学和社会科学必须为解决这些问题奠定基础。为此，这个任务的复杂性要求各门不同科学之间密切对话。只有通过它们的共同努力，这些复杂问题才能得到解决。”在高校，所有课程、所有教师都肩负着立德树人的职责和开展思想政治教育的任务，思想政治理论课与专业课的协同，将对大学生思想引导、价值导向上形成方向一致、力量倍增的效应。

长期以来，在高校形成了思想政治理论课与专业课相对立的观点和局面，很多人认为思想政治理论课就是专门进行思想政治教育的，专业课老师没有必要在有限的课堂时间里对学生开展思想政治教育，只要负责传授好知识技能就可以了。然而，事实上，思想政治理论课与专业课相结合是实现和提升高校思想政治工作协同效应的要求。立德树人是高校的根本任务，高校思想政治理论课与专业课共同具有育人的职能，只是相对于思想政治理论课来说，其他各门课是起辅助作用的。高校各类专业课要打破在思想政治教育中的“孤岛”现象，与思想政治理论课相融合，才能更好提高大学生群体对思想政治教育的认同度。在教育教学中，思想政治理论课教师和专业课教师都应提高政治素质和专业素质，都需掌握先进的教育教学方法，以丰富的专业理论素养吸引学生，发挥榜样作用。同时，思想政治理论课教师和专业课教师要通过合作机制共同研究两类课程相结合的教育内容和方法，构建思想政治理论课教师与专业课教师共同参与团学活动的机制，共同设计既考核大学生专业素质，又考核大学生政治思想和道德素质的实践教学方案，在实践开展中注重引导大学生树立正确的思想信仰、政治信念和道德习惯，形成高校思想政治教育队伍的合力，从而实现思想政治理论课和其他各门课 1+1>2 的协同效应。

二、做实、拓展日常思想政治教育主阵地

大学生思想政治教育是一项复杂的系统工程。思想政治理论课教学作为大学生思想政治教育的主渠道，构成了这一系统工程中的重要环节，但仅靠思想政治理论课教学这一孤立环节难以取得良好的教育效果。大学生思想政治教育还要树立大思政教育的理念，集成高校思想政治教育队伍的合力，将主渠道和主阵地有机结合、有效互动、相互支撑、相辅相成，以形成理论教育和实践教育一体化的全过程教育，克服思想政治工作各部门彼此独立、各自为战的障碍，破解大学生思想政治教育过程碎片化的难题，有效利用一切教育资源服务于教育总体目标，全方位助推大学生思想政治教育整体、有效地开展。

（一）顶层设计，构建校内一体化教育格局

学校是学生学习和生活的重要场所，大学生思想政治教育不仅要坚守思想政治理论课主渠道，还要做实日常思想政治教育的主阵地，将思想政治教育贯彻到大学生的全部生活中去。高校日常思想政治教育主要以党团组织、社团活动、班级建设、校园文化等为载体，通过对大学生学习、生活、择业、交友等方面的教育管理服务，给予大学生思想政治和道德修养的引导、感染和熏陶。高校需要立足于全员育人、全程育人、全方位育人的总体思路，做好顶层设计，着力构建一体化的工作机制，将课上与课下、课内与课外衔接起来，形成马克思主义理论教育工作和日常思想政治工作合力育人的态势，突显马克思主义理论教育的整体性，推进大学生思想政治教育的实效性。

（1）高校要有效协调党委宣传部、学生工作部门和马克思主义学院

等单位，促进相互之间的协同合作，共同研究学生、把握学生心理和成长规律，共同开展调研，搭建学生数据库，共同开展科学研究，把日常思想政治教育难题上升为研究课题，将工作成效转化为研究成果，共同构建专业化、研究性的思想政治工作队伍。

（2）要加强学生会、学生党支部、学生团组织、学生社团等建设，通过自身建设对学生进行日常思想政治教育。要充分发挥这些组织贴近学生生活、了解学生，能激发学生积极性和能动性的优势，精心设计校园文化活动和文化品牌。让各种科技活动、社团活动、志愿服务活动、创新创业教育活动、知识竞赛活动以及文明班级和文明宿舍评比活动等多样化的活动成为强大的正能量传播“磁场”，凝聚学生，让大学生在活动的主动参与中，加深个体体验和感悟，促使其自觉认同社会主流价值观，对自我行为进行塑造和完善，增强学生的集体观念和奉献意识。与此同时，要善于用寓教于乐的方式开展各种校园文化活动，各种报告、辩论、实践、比赛、观影等形式要灵活多样，避免呆板无趣，既满足学生需要，也要鼓励学生对各类活动开展建言献策，让日常思想政治教育的形式在学生活动的管理和学生服务中不断丰富。

（3）高校要注重通过学校各类仪式开展思想政治教育工作。仪式是由文化传统所规定的一套行为方式，是中华优秀传统文化的重要载体，发挥着凝聚社会共识、强化核心价值的重要作用。如中国传统文化的冠礼中要三次加冠，就是要提示受冠者努力使自己的德行与日俱增，其教育意义不亚于正式的课堂教授。学校仪式作为组织化程度高、社会教化功能强的仪式形式，具有强大的德育功能，对于传承社会共同价值观，为中华民族伟大复兴凝魂聚气具有重大意义。高校要结合重大节庆日、民族传统节日以及开学典礼、毕业典礼等，建立和规范必要的礼仪制度，传播主流价值，使学生在思想、情感和行为上得到熏陶、认同和引导，塑造并唤起大学生真挚的情感体验，增强大学生对社会主义核心价值观的认同感和归属感。例如，绝大多数学生都未曾接受过冠礼，而高校在开学典礼中，除了对大学生进行入学教育，帮助其尽快适应大学生生活和学习之外，也可以设计相关的成人仪式或入学仪式，让其深刻感受到进入大学就意味着自己已经从孩童阶段正式跨入到成人阶段，要时时以一个成熟人的标准来要求自己，培养成熟的情感、意志、思想和心理，以君子的言行规范塑造健康形象。这些对大学生具有重要意义的仪式和活动既是对其进行思想政治教育的重要形式，也是营造全校上下尊礼、行礼良好氛围的重要途径。

综上所述，在思政的理念指导下，高校各个职能部门既要分工细致，各司其职，又要共同围绕立德树人这条主线，有效激活高校内部各种教育资源，相互支撑，彼此协同，合力开展思想政治教育工作，实现思想政治理论课教学和日常思想政治教育作用发挥的最大化。

（二）依托校园优质文化资源，推进以文化人

大学作为文化承袭和创新的重要载体与发源地，在自身办学历程中长期积淀形成的大学精神、先进的科学文化、优秀的民族传统文化、异彩纷呈的时代文化和别具一格的创新文化，集聚了大学以文化人的丰厚文化资源。高校要充分利用这些文化资源，倡导主流文化，促进文化融合，提升文化素质，净化文化环境，推进以文化人和以德育人，让校园文化成为开展日常思想政治教育工作的肥沃土壤。几千年来的文化积淀，是我们中华民族的精神支柱和生存命脉。大学生思想政治教育如果离开了优秀传统文化，就缺乏了文化根基和实践精神。我们只有立足于本民族传统文化，坚持古为今用、推陈出新，“批判继承”地审视、提炼、挖掘传统文化，牢牢抓住中华民族的智慧精髓，尽快实现其现代化转型，才能在多元文化的博弈中站稳脚跟，在世界文化的交融中谋求更大的发展。因此，大学生思想政治教育要站在全球化视角来审视当前的多元文化与中华优秀传统文化，始终保持鲜明的社会主义文化立场和价值态度来开展教育，以高度的使命感，有鉴别地对待传统文化，有扬弃地继承、创新传统文化，用中华民族宝贵的精神财富来以文化人、以文育人，才能固守社会主义主流文化的主导地位，实现对多元文化的整合与引导，增强思想政治教育的文化自觉和文化自信。

（1）要科学构建以文化人的机制，为大学生思想政治教育做好协调和保障。高校要从培养高素质的社会主义核心价值观的践行者、中国特色社会主义事业接班人和建设者的角度出发，整体设计，将中国特色社会主义理论体系贯彻于育人的各个环节。要充分认识高校“以文化人”在大学生思想政治教育中的作用，重视通过对大学生开展校史、校训、校风等大学精神和大学文化的宣传教育，让大学生浸润于蕴含崇高道德理想和价值追求的大学文化氛围中，用无形的文化影响力涵养大学生高尚的思想品格。除了着力发挥思想政治理论课和党团组织的教育作用外，还应重视发挥好专业课程、校园文化活动、社会实践、网络教育等渠道的教育作用，充分利用学科优势、大学精神以及传统文化资源，全方位、全方面地对大学生

进行潜移默化的教育。与此同时，学校宣传部门、教务部门、学工部门、网络技术部门、服务部门以及各个学院，全校上下都应将“以文化人”融入各自的工作，列入日常工作计划，设计合理教育方案，形成教育的全合力。高校要注重提升教职员工自身对中国特色社会主义理论体系的认同度，统筹建设好思想政治理论课教师队伍、思想宣传队伍、网络建设队伍、辅导员队伍和专业教师队伍，鼓励广大教师全身心投入教书育人工作，采取各种措施激励教师发挥知行统一的表率作用，做“以文化人”的引领者和示范者，成为学生学业和精神成长的良师益友。

（2）要大力营造文化氛围，为大学生课堂教学和日常思想政治教育打造良好的生态环境。“以文化人”推进大学生思想政治教育需营造良好的大学文化环境与浓厚的文化氛围。第一，要注重提升文化类课程的内涵与品质，大力挖掘中华优秀传统文化、中国革命文化以及社会主义先进文化的丰厚资源，引导大学生正确认识传统文化的现代价值，深刻感悟革命文化的宝贵，切身体会社会主义先进文化的进步性和引领性。教师要灵活运用好各种传统与现代化教学媒体，让每节课堂都能成为滋养学生的文化盛宴和洗涤心灵的圣堂。第二，要精心设计各种校园文化活动，打造优质文化品牌，让社会主义核心价值观成为各类文化活动的主旋律，吸引大学生积极参与各类文化艺术活动和科技活动，从不同角度、不同层面感受到社会主义先进文化的魅力，体会其真谛，在活动参与中体认、养成并自觉践行社会主义核心价值观。第三，管好利用好各类新媒体平台，充分发挥新媒体文化教育的作用。高校要大力整合、抢占校园网络、微博、微信、论坛等各个阵地，因势利导，加强马克思主义理论、中国特色社会主义理论体系在网络文化中的渗透，全力打造清朗的校园网络空间，用先进的网络文化唱好中国主旋律，传播中国正能量，做好中国接班人。第四，建设好校园物质文化环境。高校要“净化、绿化、美化、文化”校园环境，在美化校园自然环境的同时，要注重对人文景观、文化活动阵地的建设，如大学生文化广场、活动中心、校园名人雕像、各种艺术雕塑等均是烘托校园文化氛围的重要载体，应整体规划建设。与此同时，各种学校标识、形象建筑物、校内道路命名等独具本校特色和风格的形象标识系统建设，也能加强大学生对校园文化的归属感和认同感。第五，倡导友爱、互助、和谐、进取的文明风尚。高校应充分利用校园网络、电视、宣传栏、报纸、电子屏等渠道，大力开展师德师风、文明风尚建设活动，做好师德标兵、先进典型、道德模范的宣传教育，打好宣传立体站，引领全校上下营造学先进、争先进、当先进的良好氛围，推动全校师生社会公德、职业道德、家庭美德和个人品德的建设，使师生人人都争当社会主义核心价值观的践行者和倡导者。

三、搭建、利用思想政治教育网络阵地

（一）加强网络教育资源的开发和利用，扩大教育影响力

网络教育资源指在网络环境下为了开展教学活动，而将文字、图像、动画、声音等多种不同形式的教育资源制作成数字化教学材料，借助网络的开发利用，呈现相关知识节点的有用信息的集合。随着信息技术的快速发展和教育改革的不断深入，网络已成为教育信息化的重要推动力之一，网络教育资源正在削弱传统文献教育资源在教育中的霸主地位。目前，互联网类型丰富的教育资源大致可分为两大类。第一类是结构严密、互相依赖、按照某种学科和专业结构构成一个完整体系的资源，如慕课、精品课程、专题学习网站、专业资源库等。第二类是结构松散、相对独立、以问题为中心、可以与其他知识灵活组合、具有一定通用性的资源，如一篇文章、一个帖子、一条评论、一张图片、一段小视频等散布在互联网各个角落的碎片化信息。因此，高校思想政治理论课需要从这两方面着手拓展网络教育资源，满足学生不同学习需求，扩大教育影响力。首先，高校要统筹建设好系统的网络教育教学资源。一方面，要大力引进网络数据库。如中国知网、人大期刊复印资料等电子期刊，超星、书生之家等电子图书等，为学校师生提供网络信息检索服务，满足师生开展科学研究的需求，同时，也为思想政治理论课建设提供丰富的教学资源；另一方面，要利用网络教学平台，积极开展网络课程建设。通过对思想政治理论课教学内容的“微化”处理和重组，建设整体性和系统性的学习资源，有针对性地为大学生推荐文字、图片、视频等可读性较强的拓展资源，为大学生学习提供完整的知识体系。通过以上统筹规划，有目的、有计划、有步骤地进行网络教育资源建设。除此之外，对于以独立形态存在于互联网各个角落的结构松散的资源，要鼓励大学生根据自身需要和兴趣主动获取，并进行合理加工和扬弃。与此同时，要加强网络交流支撑平台的建设。教师也可以充分利用微信、QQ、微博、邮箱等媒体通信平台，不受时间、地点限制，“面对面”地与大学生进行交流互动，了解他们的兴趣动向，主动向大学生推荐容易引起师生共鸣的

微学习资源，并对大学生产生的疑惑进行及时引导和解决，让师生之间的每次对话、留言、表情符号等都成为大学生思想政治教育的碎片化资源，发挥教育教学的功能。总之，“互联网＋”时代，高校要善于运用互联网做好思想政治工作，推动思想政治教育工作传统优势同信息技术高度融合，增强时代感和吸引力，建设“时时可得、处处可及”的网络教育空间。

（二）充分利用“微”媒介开展教育，为高校育人拓展路径

随着人类社会网络化和信息化程度的不断提升，各种以微博、微信、微电影、微小说等为载体的微信息席卷全国。微表情、微时代、微公益、微关怀、微整容、微支付等一切与“微”相关的概念和说法不断进入我们的视野。便捷、即时和个性化的微文化，深刻影响和改变着青年群体的思考方式和交流方式。各种微媒介为大学生开阔视野提供了新的渠道，大学生通过微媒介获取的信息大大增强了学生学习的趣味性，牢牢抓住了大学生的眼球。面对大学生对微媒介和微文化的追捧，高校应立足校园、面向社会，依靠广大师生，积极开通校园官方微博、微信，构筑以官方微媒介为领头军的校园微媒介立体格局，营造浓厚的微媒介育人氛围。首先，尊重师生对学校各项事业发展的知情权，对校内发生的重大事件进行及时发布，吸引全校师生关注校园，关注自身发展环境；其次，利用微媒介，对党和国家重要政治动态、高校所处行业动态、思想政治教育专题内容，以及民族传统节日、学校校庆等重大事件进行宣传，推进大学生思想政治教育；最后，可通过微媒介发布各类校园文化活动信息、爱校教育内容、大学精神传承内容、学科文化与行业道德培养内容，以及校园原创文学作品和优秀影视音乐作品赏析等内容，对学生进行潜移默化的文化熏陶。高校应鼓励师生对校园微信息进行积极反馈，充分发挥微媒介的资源共享与交互优势，利用微媒介由上而下传递教育信息、由下而上反馈师生心声，进一步加强学校与学生、教职工之间的联系和沟通，弘扬主旋律，推动校园微文化成为引领校园文化健康发展的“主导文化”，拓展教育路径。此外，高校也要鼓励每位教师开通微博、微信与学生互动，零距离倾听学生的心声，拉近与学生的距离，疏导学生的困惑。

（三）发挥大数据作用，增强思想政治教育实效性

在“互联网+”时代，数据已成为各行各业的重要资产。一切皆可数据化，将根据每个人的特点，解放学生学习能力和天赋，更好地解决教育问题。

2015年8月，国务院在《关于促进大数据发展的行动纲要》中明确要求“建立‘用数据说话、用数据决策、用数据管理、用数据创新’的管理机制，实现基于数据的科学决策”。党的十八届五中全会首次提出实施“国家大数据战略”，要求社会各界充分利用大数据的思维思考与解决问题，打破过去传统惯性的方式方法。运用“大数据”分析研判大学生思想政治教育，才能科学预测大学生的行为，有效提升大学生思想政治教育的实效性，真正发挥大数据的作用。

（1）高校思想政治教育要深入挖掘反映大学生思想政治状况的数据。互联网信息纷繁复杂，每个高校有关大学生学习、生活、社交活动、求职就业等各种数据也是混杂庞大，高校要在海量的信息中快速准确地梳理有用信息本身就是一个重大的考验。目前与大学生思想动态紧密关联的数据源，主要包括校园网、官方微博、官方微信公众号、易班网、学生网络教学平台、各部门的自动化办公平台、校园一卡通平台等校园网站，反映所有学生的学习成绩、课堂出勤率、图书借阅情况、校园卡消费情况、获奖情况、受资助情况、就业意向等数据；微博、微信、网络社群等社交媒体，反映舆情和大学生社交数据；人民网、新华网、新浪、网易等门户网站，以及百度、谷歌等搜索引擎，反映社会热点及大学生的关注程度。在这些数据里，高校需要重点挖掘大学生日常行为背后折射的价值观和思想状况，包括大学生行为需求、大学生可接受的教育宣传方式，以及大学生对中华民族传统文化、中国革命文化、社会主义先进文化、马克思主义理论、中国特色社会主义理论体系，以及社会主义核心价值观等指导思想和主流文化的直观真实感受和认同程度等。根据不同问题，运用思想政治教育学、社会学、心理学等相关理论选取不同的分析方法，如回归分析法、神经网络法等，并选择合适的观测点和量化处理程序，在深刻把握大学生思想行为发展基础上，及时做好大学生思想动态的分析、预测和引导工作，探究大学生思想发展规律。

（2）要应用大数据开展有针对性的思想政治教育活动。高校需要将大数据分析与大学生教育教学相结合，开展更有针对性的教育教学活动，才能更好开展思想政治教育，提升吸引力。如通过大数据分析大学生学习需求，建设相应网络课程，将主流价值观等思想政治教育内容融入微信、微小说、微视频等中，更加灵活地疏导和指引大学生健康成长。还可以通过网络教学平台数据的统计和分析，设计更加贴近学生实际生活的议题，安排到课堂教学中开展充分研讨，让大数据发挥其更加便捷的汇总、梳理、排序、对比、分类等功能，将思想政治教育教学融入无限的生活学习当中。

（四）加强学生网络素质培养，营造健康的网络环境

网络是当今人们生活、工作、学习不可缺少的部分，在现实世界中，人与人之间交往需要遵守行为规范，互联网虚拟世界同样需要一套行为规范。网络的虚拟世界实质上是由人创造的，不论是面对电脑还是手机，都要时刻记住我们其实是在与各个网络节点背后的人打交道，而不是单纯地与机器、与虚拟人物打交道，必须加强大学生网络素质培养，自觉维护良好的网络环境。首先，要引导大学生正确使用网络工具。互联网是一个内容庞杂、覆盖面广的信息共享平台。随着手机等移动通信技术的发展，人们获取各种信息的手段和方式更为便捷、渠道更加多样。但与此同时，各种虚假、低俗甚至反动、淫秽和暴力的信息也更加快速、广泛地渗透到网络中，影响正常的网络秩序，危害大学生健康成长。因此，高校要注重引导大学生正确使用网络，在浏览新闻、查询资料、下载数据以及玩网络游戏时，要时刻保持警惕，提高鉴别力，运用网络传播正能量，抵制低俗文化的传播，让网络真正成为开拓学习视野，提高自身能力的重要工具。其次，要加强大学生网络语言和行为的规范教育。中国是礼仪之邦。曾国藩说“舍礼无所谓道德”，人们需要知礼、行礼、倡礼，用礼来修身，成就自己的风范。在网络生活中同样也需要尊重别人，与人友好交流，平和争论，尊重他人的隐私，与人分享知识，打造自己良好的网络形象。因此，高校思想政治教育要注重引导大学生时刻记得网络道德与现实生活是相同的，切不可在网络生活中降低自己的道德标准。要引导大学生在网络实践中，践行社会主义核心价值观，自觉抵制网络不良行为，不传播假恶丑，不制造有违伦理道德的噱头，不把低俗当乐趣，培养网络生活中的自律精神，做到自律而“不逾矩”，为大学生健康成长营造绿色健康的网络环境。

四、完善、推进思想政治教育实践育人，促进知行统一

思想政治教育是一定的阶级、政党、社会群体用一定的思想观念、政治观点、道德规范，对其成员进行有目的、有计划、有组织的引导，使他们形成符合一定社会、一定阶级所需要的思想政治素质的社会实践活动。高校思想政治教育主要承担着对大学生开展理想信念教育、爱国主义教育、

道德法治教育和全面发展教育，引导大学生积极弘扬和践行社会主义核心价值观的任务，是一项实践性很强的教育工作。

当前，高校思想政治教育存在重理论轻实践的问题，需要认真解决，大力拓展实践育人渠道，改变实践育人方式方法，加强实践育人力度，切实提高教育的质量和实效性。一方面，高校师生对思想政治实践教育的重要性认识不到位。当前，很多大学生迫于就业压力和升学惯性，对待学习的“功利化”趋势愈加明显，重视专业学习和专业技能培养，轻视思想政治理论学习和自我全面素质的教育，一味削减思想政治理论学习时间，对其实践活动更是肤浅应付，实践育人并没有引起高校师生的足够重视。与此同时，由于高校思想政治教育过于依赖思想政治理论课教学，思想政治理论课教师精力有限，面对全校学生多是采取大班教学形式，在课堂上很难给学生留有自主学习和互动学习的足够空间来满足学生个性化的学习需求，因此，容易挫伤学生对思想政治课程的学习兴趣和热情。教师疲于应付量大面广的大班授课，对于大量的实践教学的组织也难以顾及，得过且过，没有将实践教学的深化改革作为提升教学质量的重要突破口。另一方面，高校思想政治教育的主渠道和日常思想政治教育的主阵地联系不紧密，存在很多的主观性和随意性，缺乏对思想政治教育实践课程的系统规划和有效建设，导致思想政治理论课教学孤立无援，理论教学与实践教学之间脱节。思想政治理论课在完成向大学生主动传递社会所要求的价值观念、政治观点、道德规范的任务之外，难以推动大学生通过自身实践将理论切实内化并外化应用。很多大学生只将思想政治理论课单纯当作为一门课程应付，满足于拿到学分即可，不注重对其要求的价值观念、政治观点、道德规范的践行。与此同时，团学部门组织的校园活动往往过于注重迎合大学生喜好，一味丰富活动形式，而忽视了各种校园活动应承载的思想政治教育功能，没有很好发挥应有的育人作用。再者，高校思想政治实践教育形式单一。很多高校为了不占用学生上课实际学时，往往将实践教学安排在假期，由教师命题，学生自主实行，导师教师对学生实践活动监管不到位，缺乏生动内容，不少学生并没有真正参与实践，编造或抄袭实践报告册现象较为普遍，实践教学流于形式。

“互联网 +”时代，面对日新月异的信息革命，高校的思想政治教育需要充分利用互联网连接一切、开放、自由的特性，丰富实践教学形式，提高高校思想政治教育的针对性和有效性，满足学生对思想政治实践学习的多样化需求。首先，要坚持立德树人的人才培养目标。思想政治理论课要帮助学生做好走向社会的思想认识上的准备，当需要有针对性地解决某些仅靠课堂教学所无法解决或无法很好解决的特殊社会问题时，即有必要安排相应的实践教学环节完成这类教学任务。通过思想政治理论课实践教学，帮助学生学会运用马克思主义的理论、观点和立场去分析实际问题，解决实际问题，提高学生的认识能力、思辨能力和道德践行能力，让学生在实践中学会做事、学会做人，强化职业道德和职业习惯，提高职业人生境界，使学生真正成为积极投身于社会主义现代化建设，服务于区域社会经济发展的高素质、高技能人才。其次，要形成实践教学与理论教学的良性互动。思想政治理论课实践教学要针对课堂教学内容，有意识、有目的地安排体现理论运用的实践教学活动，使学生在实践活动中深化对理论知识的理解，并运用理论知识分析问题、解决问题。要避免学生脱离自己的学习生活实际而空谈，使其学习不是仅仅停留在单纯的“知”的层面和环节上，通过实践活动，实现大学生在思想道德修养与法律修养方面的“知”“行”统一。再次，要充分体现学生主体地位，促进学生自我教育。通过实践活动，促进学生主体个性的彰显、主体能力的提升、主体精神的培养、主体人格的完善，自觉地对思想和行为进行自我认识、自我规范、自我调控，使学生在实践中实现自我教育和自我发展。充分体现思想政治理论课在大学生素质教育、诚信教育中的特殊作用，在推动学生的思想理论素质的同时，还要利用实践教学活动，帮助学生有计划地提高自己的组织能力、表达能力、社交能力等。因此，在实践方式设计上，注重学生在教师指导下“想”和“做”，重点突出行动教育。

（一）注重课堂教学融入实践环节

思想政治理论课堂是理论教学的主阵地，但是不失时机、恰到好处地融入实践环节，往往能够起到事半功倍的教学效果。思想政治理论课实施过程是思想政治理论课教师有目的、有计划地传递教育内容，引导大学生通过对学习内容的理论内化，提高自身的思想情感、道德品质和政治信念。在教育过程中，大学生需要保持积极的、良好的心理状态才能产生其接受教育、提升自己思想品德的精神需要和动机，对教师所传递的思想理论、价值原则和行为规范等内容积极主动学习，也才能实现内化。因此，在课堂教学中，高校思想政治理论课教师需要通过组织开展课堂讨论、调查研究、参观访问、主题演讲、情景剧展示等进行实践活动，将其与课堂教学内容紧密联系在一起，调动大学生参与教学过程的积极性。如“思想道德修养与法律基础”是大学生入校接受的第一门思想政治教育课程，教师可结合每章理论教学内容，自主选择安排学生进行相应实践活动，在“绪论　珍惜大学生活开拓新的境界”教学时，可安排大学生开展走访名师、拜访师兄师姐的活动，帮助其尽早转变角色，适应大学生活；在“第一章 追求远大理想坚定崇高信念”教学时，可让大学生课后观看《恰同学少年》影片，写观后感，让其感受在民族危难时刻，毛泽东、蔡和森、向警予、杨开慧、陶斯咏等为代表的一批优秀青年在正值青春年少，风华正茂，大家踌躇满志、意气奔放、为国为民、立志高远的精神气节，激发大学生追求远大的理想抱负；在“第二章 弘扬中国精神共筑精神家园”教学时，可组织学生以小组为单位收集、分享“两弹一星”和“神舟”系列载人飞船发射、返回背后的故事，激发大学生爱国情感；在“第四章 注重道德传承加强道德实践”教学时，可开展“一封家书，两笔账”活动，指导学生算清入学以来的消费账目，并写一封家书了解父母的生活消费状况，然后自己的消费水平与家庭收入和父母的消费水平进行比较，以此来引导大学生要孝敬父母，勤俭节约。结合课堂教学开展的实践活动，方式多样，且容易开展，教师可根据学生们的实践情况，鼓励其在课堂分享实践感受，更好地推动其内在的知、情、意、信活动，促进大学生实现对讲授理论知识的内化，使其学习不是仅仅停留在单纯的“知”的层面和环节上。

（二）注重思想政治理论课与专业课实践教学的结合

课外实践教学是大学生巩固课堂教学内容的重要环节，也是理论与实践相结合的过程。高校思想政治教育既要重视课堂知识性教育，也要从思想道德和专业实践相结合的层面引导大学生深入社会、了解社会和服务社会。不论是思想政治理论课还是各类专业课，开展社会实践都是为了促进大学生了解社会、奉献社会，增强其社会责任感，增长大学生实践能力，锻炼其坚韧的毅力，培养大学生高尚的品格。因此，思想政治理论课与专业课不仅需要在教学过程中相互融合，共同承担育人责任，同时，在社会实践活动安排上，也要相互融合、相互渗透，充分调动大学生参与实践活动的积极性。一方面，高校思想政治理论课要在各种志愿者活动、“三下乡”活动、勤工助学、主题实践活动、社团活动等环节中，加强与专业课的结合，让两者课堂教学内容能在各类实践活动中实现融合与深化，让思想政治教育内容不再孤立；另一方面，高校思想政治理论课也要与专业课程共同建设校外实践基地，共同设计实践教学方案，让各种实践活动既要考核大学生专业素质，也要兼顾考察大学生政治思想和道德素质，提高思想政治实践育人的效果。

（三）注重拓展实践基地，丰富校外社会实践活动

高校思想政治教育既要在学校的党建活动、社团活动、教育管理、后勤管理等各方面彰显思想政治教育的实践性，开展多系统、多层面的教育

实践活动，更要注重完善和推进大学生校外社会实践的路径建设。社会实践是高等教育中不可缺少的有机组成部分，是高等教育的专业性要求。让大学生从校园走向社会，了解社会现实，同时成为独立的社会实践主体，在实践中自我肯定、自我教育、自我发展，在实践的磨练中树立正确的前进目标并为之奋斗，不断开阔眼界，以更开放、包容、积极、乐观的心态面对人生道路的挫折，将从根本上推动大学生的成长成才。因此，高校需要努力提升大学生校外社会实践活动的效果。第一，高校要将思想政治教育社会实践作为必要的教育环节和教育内容加以重视，给予其规定的学时、学分来保障社会实践的有序开展。积极探索符合学时实际的实践形式，加强教师对校外社会实践活动的精心准备、策划和组织安排工作，有效督导、监控学生实践活动，确保学生能安全顺利开展校外社会实践活动。第二，要大力拓展实践教学基地。高校要加强与社会各部门的合作关系，为大学生社会实践提供场所和条件，在有条件的情况下建设专门的社会实践基地，通过基地建设网罗资源，达到辐射示范的良好效果。如各地爱国主义教育基地、军事革命博物馆等都是非常宝贵的实践教学基地。此外，将思想政治教育的社会实践融入各类专业在国家机关、企事业单位、社会团体等接收大学生的实习实训环节，扩大社会实践范围。第三，要完善大学生社会实践形式。高校要充分利用校外资源，从现有能够进行实践活动的实际条件出发，设计具体的实践活动形式，努力做到物尽其用。高校可针对各地独特的革命文化和地方文化，开展不同主题的实践教学活动。如甘肃会宁是三大红军胜利会师地，在甘肃高校可组织学生开展“重走长征路”“开启新的伟大长征”等实践教学活动，把理论学习与实践结合起来，把课堂教学与生活体验结合起来，拉近历史与现实的距离，使大学生在实践教学过程中加深对党史、党情和地方革命历史的了解，坚定对中国“选择马克思主义、选择中国共产党、选择社会主义道路”的信念。

（四）注重拓展互联网实践教育渠道

互联网为高校思想政治教育带来了丰富的教育资源，开辟了新的教育阵地，创新了教育教学方式方法，为教育教学工作拓展了空间。但同时，互联网的虚拟世界也减少了学生与老师、学生与学生的面对面交流机会，对线下思想政治教育工作带来影响。因此，高校思想政治教育实践活动需要融入互联网世界。

一方面，思想政治教育工作者不仅要与学生面对面、点对点沟通交流，还需深入互联网生活，了解互联网话语，参与互联网交流，占领“互联网+教育”主阵地。教师在利用互联网开展教学的过程中，要注重考查大学生的网络语言和行为，将其作为实践活动内容进行评价，实现思想政治教育线上线下共发展，用互联网捕捉大学生心理动态、思想动态、行为动态，引导学生在自我教育中进步，在自我服务中成长。另一方面，高校还需要开辟大学生互联网实践教育的专门平台，为大学生开辟不同主题讨论专区，开辟互联网实践成果展示平台，让大学生将实践互动的照片、视频、文字等上传网站进行分享，扩大实践教育受众面。

五、加强思想政治教育师资队伍建设，提高整体工作水平

今天的学生就是未来实现中华民族伟大复兴中国梦的主力军，广大教师就是打造这支中华民族“梦之队”的筑梦人。国家繁荣、民族振兴、教育发展，需要我们大力培养造就一支师德高尚、业务精湛、结构合理、充满活力的高素质专业化教师队伍，需要涌现一大批好老师。做好老师就是要有理想信念、有道德情操、有扎实学识、有仁爱之心。高校大学生思想政治教育工作者由思想政治理论课教师、哲学社会科学课教师、党政干部、团干部、辅导员、班主任等共同组成。思想政治理论课教师和哲学社会科学课教师主要承担对大学生进行政治理论教育、思想品德教育和人文素质教育的任务；党政和共青团组织干部主要承担开展各种主题教育活动，引导大学生在实践中学习马克思主义，践行社会主义核心价值观的任务；辅导员和班主任则主要围绕培养目标有针对性地开展教育活动，在思想、学习和生活等方面对学生进行指导。不论是哪一种岗位，思想政治教育工作者都要突出强调马克思主义中国化的中国特色社会主义理论体系在我国意识形态中的主导地位，采取多种形式帮助大学生树立正确的世界观、人生观、价值观。当前，广大思想政治教育工作者积极探索课堂、网络和实践教学新模式，创新教育教学方法，教育效果整体有了明显提升，对大学生思想和价值引领的正效应逐步显现。但我们也要看到，思想政治教育任重道远，有些教师教学水平还有待提升，存在着职业倦怠的现象，部分教师对重大理论和现实问题的把握还不够准确，释疑解惑的能力有待提高。为此，高校还需从提升教师自身理论素养、媒体素养、个体修养以及职业认同等多方途径加强教师队伍建设，提高思想政治教育师资队伍的整体水平。

（一）坚定思想政治教育工作者理想信念

教师是人类文明的传递者，肩负着教书育人的神圣职责。传道者首先自己就要明道、信道。高校思想政治教师要坚持教育者先受教育，努力成为先进思想文化的传播者、党执政的坚定支持者。

（1）要坚定教师的马克思主义信仰，增强“四个自信”。我国高校思想政治教育工作具有一定的阶级属性，其意识形态功能较为突出，思想政治教育工作者开展教育要用正确的意识形态引导学生，承担着宣传马克思主义理论，宣讲党的路线、方针、政策，引导大学生培育和践行社会主义核心价值观的重要职责。坚定对马克思主义的信仰，坚守对社会主义和共产主义的信念，是每位思想政治教育工作者的政治灵魂和精神支柱。因此，高校思想政治教育工作者首先要坚定理想信念，深化对中国特色社会主义理论体系的学习领悟和实践把握，自觉做中国特色社会主义的坚定信仰者，坚持不懈地用中国特色社会主义理论体系武装大学生头脑，坚定不移地走中国特色社会主义道路。习近平总书记形象比喻“理想信念是共产党人精神上的‘钙’。”“理想信念不坚定，精神上就会‘缺钙’，就会得‘软骨病’。”思想政治教育工作者要先给自己补足‘钙’，学习经典，理解各种经典著作的原意，从根本上弄清楚马克思主义的含义。结合中国改革开放实践，学习毛泽东思想和中国特色社会主义理论体系，清醒认识坚持中国特色社会主义道路的历史必然性，充分认识党领导人民在改革开放、社会主义现代化建设中取得的辉煌成就，正确认识和对待当前我国面临的发展机遇和严重挑战，不断增强道路自信、理论自信、制度自信和文化自信，始终不移地坚持中国特色社会主义共同理想，做到对马克思主义的真懂、真学、真用、真信。

（2）坚持正确的政治立场，强化政治底线意识。坚持正确的政治立场，即坚持党的立场、人民的立场。思想政治教育工作者要站在党和人民的立场观察事物、分析问题，把握客观世界，站在党和人民的立场做宣传、讲道理。思想政治教育工作者要站稳正确的政治立场，就要加强党的基本理论、基本路线、基本纲领和基本经验学习，不断深化对党的理论、路线、方针、政策的理解和掌握；加深对中国特色社会主义的思想认同、理论认同和情感认同。只有注重自身的理论学习，提升马克思主义的理论素养，才能自觉以马克思主义和中国特色社会主义理论体系为指导，正确理解和宣传党的路线方针政策，在具体教育工作中理直气壮地讲好大道理、正道理和实道理，向大学生讲清楚实现中华民族伟大复兴“中国梦”，实现“两个一百年”奋斗目标的基本要求。另外，思想政治教育工作者要严明政治纪律，在思想政治教育中要唱响主旋律，向大学生传导正确的政治理念，时刻注意同党中央保持思想上、政治上的一致。要努力提高教师自身的政治鉴别力和政治敏锐性，始终保持清醒的头脑和高度的警觉，准确把握大学生思想变化动态和问题的实质，坚决抵制政治立场模糊的情况，引导大学生学会实事求是地分析国内国际政治现实，认清自身的政治责任，确立为民族复兴、国家富强和人民幸福而贡献力量的政治使命。

（二）加强思想政治教育工作者理论素养

学高为师，作为思想政治教育工作者，理论素养是作为一名思想工作者必备的基本素质。良好的理论素养可以使教师正确把握理论、科学运用理论，坚持理论的不断学习，是高校思想政治教育工作者发展的必然要求。大学生思想政治教育尤其是思想政治理论课教学融理论灌输、思想引导、价值引领、文化熏陶、道德感染、实践锻炼为一体，向大学生传授马克思主义理论和中国特色社会主义理论体系，教授大学生理论思维的理念和方法，对教师的知识储备要求非常高。

（1）思想政治教育工作者要掌握系统的专业知识。思想政治教育具有很强的专业性、系统性。思想政治教育工作者必须时刻站在马克思主义理论学科知识发展的前沿，掌握马克思主义基本原理和马克思主义中国化的最新成果，了解学术动态，打牢理论功底。要以传播马克思主义为己任，按照马克思主义世界观、方法论分析思想形势，进行教育工作方法创新。思想政治教育工作者要大量储备教育学、心理学、政治学、伦理学、社会学、法学、管理学等方面知识，并掌握思想政治理论课各个课程之间的关联和支撑架构，博览群书，涉猎百科，培养自己良好的专业涵养，更好地把握和驾驭思想政治教育规律，更准确把握大学生思想特点，最大限度满足学生高涨的求知欲望，增强教育工作的科学性和实效性。

（2）思想政治教育工作者要努力提升自身的文化素质。教育本身就是文化的一个方面。传承文化、创新文化、实现以文化人、以文育人是思想政治教育不可推卸的责任和使命。习近平总书记在中国共产党成立 95 周年纪念大会的讲话中指出，在 5000 多年文明发展中孕育的中华优秀传统文化，在党和人民伟大斗争中孕育的革命文化和社会主义先进文化，积淀着中华民族最深层的精神追求，代表着中华民族独特的精神标识。中国特色社会主义道路也好，体系也好，中华文化也好，是我们中华民族前进的法宝，是我们前进的基石，也是进一步向前发展的重要指导。思想政治教育不能只限于上传下达，教育者要自觉学习文化知识，挖掘中华民族丰富的文化内涵，提高文化修养，具备文化意识和文化自觉，才能准确理解思想政治教育的文化价值，传递中华民族文化所蕴含的思想观念和价值诉求，更好地教化、感化、塑造、熏陶和激励大学生，让每个人的精神生活都能被丰富多彩的文化所浸润，提振中国精神，汇聚中国力量，从而实现文化自信。

（三）提高思想政治教育工作者信息素养

信息素养是思想政治教育工作者的信息意识、信息知识以及在教育中运用信息能力的综合素质。人类已经进入信息时代，接受与传输、感知与鉴别、处理与利用信息成为思想政治教育的基本形态。对思想政治教育工作者而言，需要能够意识并跟上快速发展的时代潮流，将信息素养引用到教育领域当中，服务于教育，支持和促进教育发展。

（1）教育工作者要有利用信息资源的意识。信息传播技术的进步和媒体的发展，让大量信息充斥于网络各个节点。海量的信息以近乎轰炸的方式冲击着人们的眼球，丰富的信息为思想政治教育提供了资源，但也混杂了不少消极、有害的信息，给大学生合理利用互联网学习资源造成了迷障，出现了信息超载的一些不良反应。因此，高校思想政治教育工作者要有信息资源意识，要善于发现、获取、整理有益的信息资源为我所用，引导大学生学会信息搜索和选择，帮助大学生将各种信息进行有效融合连接，让学生能对头脑中碎片化的知识进行梳理、整合，引导大学生进行深入分析、判断和思考。

（2）教育者要树立平等共享的意识。由于互联网平等交互的特质，大学生可以在网络中就关心的热门话题畅所欲言，而不必担心受到过多的质疑和批评。与此同时，不少消极情绪也会经大学生而广泛快速传播。面对互联网环境，思想政治教育工作者要学会放低姿态，以谦虚的态度主动了解互联网，以谨慎的态度积极关注各类信息和事件。一方面，思想政治教育工作者要及时通过各种媒介，与学生交互式地进行交流，打破传统的师生关系定位。将传统的被动式教育变为主动参与的思想交流，更有效地了解和掌握大学生的思想动态，修正大学生认知的不足与缺陷，疏导大学生情绪，爱护大学生情感，形成有利于大学生接受思想政治教育信息的认知环境，提高其对思想政治教育的认同度。另一方面，面对日新月异的互联网文化，思想政治教育工作者要深入了解大学生已有的知识经验和结构，充分利用网络技术，全面、精细地构建和筛选教育信息，用大学生喜爱的表达方式更生动地传递信息。思想政治教育工作者要善于运用计算机技术突出衬托思想政治教育的主要内容和重点信息，使教育信息集声音、文字、图像、数据等为一体，实现教学内容视听结合、图文并茂、声情融会，多方位刺激大学生视觉、听觉等感官，从而产生强烈印象，吸引大学生的兴趣和关注。在话语表达上，要努力跨越新媒体语境下思想政治教育者与大学生的话语鸿沟，寻找两者共同的话语源，保障有效沟通。在互联网环境下，大学生网络话语的空间逐渐释放，成为网络语言发展的中坚力量。大学生不再是传统媒介下的单纯听众，而成为网络语言的自由发声器，以往思想政治教育者的话语权威在新媒体的语境中正在日渐消解。因此，思想政治教育工作者要尽快培养参与网络文化生活的意识，真切感受网络文化，体验大学生在网络空间交往、学习、生活的方式，使教育信息在语言表达上能敏锐地捕捉大学生的思想和心理特征，运用贴近学生语言形式的话语方式，激发大学生对教育内容的关注度和兴趣，开展接地气的师生话语交往，提升思想政治教育对大学生的影响力。

（3）要主动掌握信息技术。随着信息技术的发展，互联网已不再只是大学生生活、学习、娱乐的手段而已，它使每个人都成为网络世界的一个节点。高校思想政治教育工作者要顺应这一潮流发展，大胆应对信息技术对传统教育模式带来的冲击，大力加强校园新媒体建设力度，构建融电脑、手机等于一体的全方位的网络教育平台，创新网络思想政治教育方式，主动占领新媒体教育阵地，掌控教育主动权，拓展思想政治教育的途径和渠道。首先，要能够熟练运用网络技术，浏览、搜索、下载所需信息，并能掌握有效方式对各种信息和数据进行筛选、鉴别、处理和分析；其次，能用网络及工具软件与大学生进行有效交流，掌握大众传播与人际传播兼容的技术特点，发布各种教育信息，加强对大学生网络生活的引导和积极影响；再次，要能够利用信息技术制作课件、视频，能建设网络教育平台，保障线上线下教育的顺利开展。总之，思想政治教育工作者要利用新的技术手段，主动连接大学生学习过程的每一个重要因素。学会用各种社交工具、各种移动终端设备、各种硬件软件，去联结每个学生个体，达到知识共享、知识共生和知识共用。利用信息技术创新学习的过程，为每个学习者安排充足的、完整的学习步骤，满足其与他人进行交流互动的要求，以便更好地提升教学效果。

（四）加强思想政治教育工作者道德修养

2016 年 12 月 7 日，习近平总书记在全国高校思想政治工作会议上指出“教师做的是传播知识、传播思想、传播真理的工作，是塑造灵魂、塑造生命、塑造人的工作。教师不能只做传授书本知识的教书匠，而要成为塑造学生品格、品行、品味的‘大先生’。教师教给学生的知识，多年以后可能会过时，可能会遗忘，但教给学生为人处世的道理是学生一生的财富，会让他们终生难忘。教师要成为学生做人的镜子，以身作则、率先垂范，以高尚的人格魅力赢得学生敬仰，以模范的言行举止为学生树立榜样，把真善美的种子不断播撒到学生心中。”教育大计，教师为本；教师大计，师德为先。教书育人本就是教师的职责，而在书本之外，教师“育人”的责任更重，这便是“师道”。

高校思想政教育工作者必须言教与身教相结合、身教重于言教。首先，高校思想政治教育工作者要培养自身更高的职业道德素养。高校思想政治教育工作者肩负着培养高尚道德风貌和思想情操的德智体全面发展的社会主义合格建设者和可靠接班人的神圣职责，要以热爱人民、热爱学生，以全心全意为学生服务为己任，以高度的职业责任心、敬业精神、高尚的人格力量感召学生，帮助学生树立正确的世界观、人生观、价值观。因此，高校思想政治教育工作者要注重自身的职业道德培养，增强教师爱岗敬业的意识和对中华礼仪文明的理解与认同，提高对自身角色的认同感、尊严感和自豪感，自觉履行职责和职业规范。其次，要强化思想政治教育工作者的言行规范，塑造教师良好形象。教师是学生增长知识和思想进步的导师，教师的一言一行都会对学生产生影响。教师不仅应在学识学风、道德品质上率先垂范，也要在行为举止上培养君子风范，以身作则，才能为人师表。因此，高校教师一定要时刻注重自身的言行规范，注重学习中华礼仪文化，养成良好的礼仪习惯，以良好形象为大学生树立榜样，发挥言行举止的教育示范作用。

第六章　当代高校学生管理问题的实践与反思

互联网的不断发展，对我国高校的学生管理工作产生非常积极的影响。互联网平台已经成为高校教育管理的一个重要途径。互联网在高校学生管理过程中，起着举足轻重的作用。为了适应形势，转变观念、缩小阵地，以互联网为抓手做好高校的学生管理工作，是我们今后研究的重要课题。

第一节　新形势下高校寝室文化建设与高校学风建设的思考

一、寝室文化建设在高校学风建设中的作用正逐步突显

学风是一所学校的学生群体在长期的学习实践中，通过教与学两方面的长期积累与培养而逐步形成的行为风尚，是每一个学生的思想、道德、纪律、作风、治学态度和精神风貌的综合反映和外在表现。高等学校由于教育对象主要为18岁以上的年轻人，其学习、生活方式同高中阶段相比有很大的区别，高校学生主要以“自我教育、自我管理、自我服务”为主。学风的好坏会直接影响到一所高校的发展，所以，高校学生工作的核心是高校学风建设。

国内高校学风建设的重点是高校传统的基本单元——学生班，其主要措施是建设“优良学风班”，以班级为单位开展学风比赛。在以“班级制”为主体的传统授课体系下，这一措施曾发挥了重要作用。

但是，社会是发展的，事物是变化的。目前，一方面，高校建立的“学

分制”打破了原有的“班级制”，学生寝室成为学校的一个基本单元；另一方面，学生公寓制与社会化管理模式开始施行，这就会打破“班级制”和传统按年级、院系居住的情况。

所以，转变观念、与时俱进、缩小阵地，建设良好的寝室文化，作为加强学生学风建设的重要措施之一，已经不是要不要的问题，而是如何把它做好的问题。

二、寝室文化在高校学风建设中的地位和作用

笔者认为，新形势下的高校学生寝室已经远不只是一间仅供两三个或四五个本科生、研究生同学们中午或晚间休息和起居的场所，而已成为大学校园里由朝夕相处的若干成员所共同拥有的人生观和价值观在物质和精神上的实体。

这里所说的物质，主要指寝室的基础设施、环境布局等，是外在物化形式的统称；这里所说的精神则是指由同一寝室的成员相互影响、共同创造的一种特定的人文环境。可以说，在寝室这样一个小集体中，应形成何种寝室文化，正是我们学生工作者开展工作的基础和出发点。

寝室文化的主要特点是内在激励，是一种隐性为主的文化。它作为一种校园亚文化，呈现出多元性、可塑性和互动性的特征，是寝室成员在长期的共同生活与磨合中，沉淀而成的一种独特的寝室风气和精神，包括政治素质、思想素质、心理素质、民主作风、治学风格、价值观念、伦理道德观念、审美观念、法治观念等。因此，把寝室作为单位开展学风建设，应该作为高校学风建设工作的新途径。寝室文化是影响大学生社会化的一个重要因素。大学生在寝室里生活的过程，正是一种自觉或不自觉的社会化的过程。

三、以寝室为阵地开展学风建设的途径和方法

（一）开展“优良学风寝室”评选活动

曾经我们因为没有完善和统一的评选标准，所以在评选优秀寝室等活动中，评选比例较小。管理者应该通过树立寝室和寝室成员的典型，通过完善“优良学风寝室”评选制度，包括评选“十佳寝室”“优秀寝室成员”等方式，帮助引导学生树立成才目标和奋斗方向。优良学风是一种氛围，它使处于其中的学生感受到一种压力、一种紧迫感。它不仅是一种推动力，促使学生不断向上，而且是一种约束力，影响着寝室成员内的兴趣习惯、

倾向、风气的产生和发展。这种以少数带动多数，以“个人先进”刺激“集体前进”的方式，是符合新时期大学生心理特征的。

（二）以寝室为单位开展寓教于乐的活动

同居一室的几位同学，可以在寝室这样的小规模范围内，组织开展学习经验的交流、学习方法的研讨等活动，互相取长补短，在日常生活中互相鼓励和促进。这样既摆脱了传统的强迫式的“班会”模式，也让学生感觉到应真正从自身需要出发来改善学习，从而使学风教育进行得自然而然、水到渠成。

（三）制订寝室发展计划和学期目标

学期初由寝室长根据成员的建议和实际情况，拟订一份全寝室学习发展计划和学期目标。以寝室为单位形成一个学习小组，寝室长负责监督并随时调整计划。通过“一帮一”“一帮几”的方式，提高整个寝室的学习氛围和风气。学期末进行汇总，总结寝室一个学期的成绩和不足，并写出较为深刻的报告。

（四）开展寝室间的“比、学、赶、帮、超”活动

仅仅建设好寝室内部学风仅仅完成了高校学风建设的一个“小战役”，更重要的是要想方设法带动所有寝室都能好起来，这就好比走围棋，一定要将自己放置的所有棋子都能连起来，才有可能最后赢得一盘棋。在“战略”上取得胜利，就需要在寝室之间开展涉及学习和生活等多方面的，且现代学生所喜闻乐见的“比、学、赶、帮、超”活动，如“生活 SHOW”、学术竞赛等。

“面对新的挑战，我们应该充分考虑学生的需求和根本利益，认真研究新形势下高校学生工作和学风建设的特点和规律，积极开辟新途径、探索新方法、总结新经验”，这是中央关于加强和改进高校思想政治教育工作和学风建设的一个重要要求，也是新的历史时期高校学生思想政治教育工作和学风建设的内在要求。

在学风建设的方法上，要增强时代感，加强针对性、实效性和主动性。思想工作方法要创新，情是艺术，理是科学，入情入理，才能深入人心。

以人为本，尊重人、理解人、关心人，多办好事、多办实事，把解决学生思想问题同学风建设问题结合起来，解决学生工作和生活中的实际问

题。管理者努力改变教育方法，变说教为引导，变号召为激发，变“我打你通”为“参与互动”，增强教育的效果。在高校学风建设工作的形式上，我们要多样化拓展新的空间和渠道。善于运用寝室文化开展学风教育，活跃和规范学生寝室活动和制度，着力营造健康向上的文化氛围。同时，也要充分发挥学生党建工作的优势和教育功能，推动理论与实际、自我学习和他人监督的互补融合。

第二节 新媒体技术背景下的学生事务管理及网络思想政治教育研究

一、有关社会思潮的研究文献综述

现实世界的种种社会思潮，已经跨越了物理意义上的时空界线，在现实世界和网络空间中广泛传播，并产生了巨大社会影响力[1]。与现实社会空间相类似，网络社会空间也存在着权力（包括管理权力与技术权力）、话语、思想（包括观念、思潮）、阵地等的争夺[2]。网络空间社会思潮相互争论激烈，各种思潮阵地、人物等大力宣传各自的思想，试图扩大其影响。此外，网络时代社会思潮的引发和传播方式也发生了很大变化。

从研究社会思潮传播问题的相关文献看，学者们从传播特点、模式、主体等角度对社会思潮及高校社会思潮展开了研究。在传播特点方面，单刚认为，当前高校社会思潮传播呈现主体拓展、注重实利、争夺话语权等特点[3]。王炳权、梅荣政认为社会思潮传播呈现周期性、继承性和组织性等特点[4]。在传播模式方面，张连绪从过程视角按初级、次级及两级传播

[1] 连水兴. 网络、虚拟空间与社会思潮的延伸——关于网络空间“文化保守主义”论争的传播学思考 [J]. 内蒙古社会科学. 2007(5).

[2] 方付建 . 论网络时代的社会思潮 [J]. 中共杭州市委党校学报. 2012(1).

[3] 单刚. 当前高校社会思潮的传播特点及引领路径研究 [J]. 学校党建与思想教育. 2011（6）.

[4] 王炳权，梅荣政 . 论社会思潮的传播与控制 [J]. 求实，2005（11）.

等环节研究了社会思潮传播模式[1]。胡宝平从信息传播过程与反馈过程角度按传播者、传播动机、传播媒介和受众等要素研究了社会思潮传播机制[2]。在主体层面，梁庆婷认为传播主体是社会思潮最关键的因素，传播主体包括党的理论工作者与宣传者、各级领导干部、学校教师、青年群体、传媒人、传媒偶像、言论领袖等[3]。而陈伟军重点分析了推动社会思潮传播的诸种因素，如思想解放运动、对西方思潮的追逐及社会生活和心理变化等[4]。

对于网络空间社会思潮及其传播问题，钟志凌研究了网络思潮含义及特点，认为网络思潮是一种遵循传统思潮形成路径而正在逐步形成的新的社会思潮，集中表现为参与者通过网络载体发布和传播信息，利用公众舆论压力影响社会问题解决的心理意识倾向[5]。陈伟军认为网络思潮的产生有多种源头，呈现多重性的交流主体及拒斥统一的思想空间和文化符码的特点。方朋钦认为以中国特色社会主义核心价值体系规避网络语言负面效应，引领网络思潮、形成网络思想共识[6]。

总体而言，对于社会思潮传播及网络社会思潮传播等问题，学者们展开了一定的研究，但以某一特定群体为调查对象、分析网络社会思潮传播状况的文献则较少，这为本书提供了研究空间。

二、当代大学生群体传播网络社会思潮的主要表现

当前，思潮网站、论坛、博客等日益增多，思潮人物、事件等也逐渐多元化。从网络空间社会思潮传播情况看，各种思潮网站、论坛和博客等都有一定的访问量。网络社会思潮对大学生群体有着什么样的影响？大学生们又是如何看待网络社会思潮的？笔者围绕思潮传播载体、人物、概念、事件等设计了包含19个问题的调查问卷，在武汉、南昌两个城市四所大学的学生中开展了一次随机抽样调查，形成了如下一些基本结论：

[1] 张连绪. 关于社会思潮传播模式的探讨[J]. 番禺职业技术学院学报. 2003（3）.

[2] 胡宝平. 社会思潮：性质、传播与引领[J]. 中共南京市委党校学报. 2003（3）.

[3] 梁庆婷 . 论我国社会思潮的传播主体 [J]. 山西大同大学学报 .2012（1）.

[4] 陈伟军 . 社会思潮传播与价值导向调控 [J]. 云南社会科学 .2010（3）.

[5] 钟志凌 . 网络思潮的传播规律与合理性调控研究 [J]. 学术论坛 .2010（4）.

[6] 方朋钦 . 网络语言于社会主义核心价值体系中的规避发展 [J]. 社科纵横 .2011（6）.

（1）多数大学生都浏览过社会思潮网站或论坛，但不同类型和取向的思潮网站或论坛在大学生群体中传播情况有差异。具有自由派倾向的网站比较受大学生关注，浏览人数较多。在社会思潮论坛方面，总体来看，其在大学生群体中的传播范围有限，但接近主流意识形态的论坛比偏自由化的论坛有更高的浏览量，这一结果与社会思潮网站在大学生群体中的传播状况相反。

（2）多数大学生对作为思潮主体的各种公众人物并不太熟悉，且存在差异。总体来看，大学生不属于盲信、盲从的群体，一般不对某一思潮人物的思想表现出明显认同。大学生在触网过程中对各种思潮概念都有一定了解，并相应形成了一定的网络语言。部分学生受不同社会思潮的影响较为明显，乐于将自我归于某一思潮派别。

（3）大学生群体对网络媒体制造的“媒介事件”敏感性、参与积极性都不高，参与社会思潮行动的程度较低，在不同的网络媒介事件中参与度也呈现差异。总体看，大学生群体对由著名学者、特定群体及报纸杂志发起、引导或主导的社会思潮事件有更高的参与度。

上述结论与新媒体技术的发展和运用密切相关。伴随着新媒体时代的到来，高校学生事务管理工作及思想政治教育工作发生了深刻的变化，面临着新的挑战。

三、新媒体技术背景下的学生事务管理及网络思想政治教育的策略建议

（一）提升校园网络的魅力与影响力，更好地服务学校建设与发展

当前的高校网站大多属于 Web 1.0 传播模式，即校方把握着信息的发布权，发布的内容大多为学校的工作动态，作为校园文化建设者和校园网站主要受众的师生却难以充分融入其中。这突出表现在高校网站注重对外的形象窗口作用，缺少对内的交流作用；注重官方新闻的发布和学校形象的塑造，缺少对校内师生观点和言论的发掘；注重所发布的新闻稿件点击量的多少和转载率的高低，缺少对新闻内容及形式的反馈与评价；注重满足网民的新闻阅读和信息获取需求，缺少对网民积极性的调动和归属感的加强。因此，在 Web 1.0 的基础上，积极顺应 Web 2.0 新网络时代的发展、提升校园网站的魅力和影响力，是校园信息化发展的必然趋势。

（二）提高校园网络信息的互动性，增强师生对校园网络环境的归属感

网络信息的实时互动性关系着受众的体验。当前高校网站大多存在互动性差的缺陷，有的连基本的新闻评论功能也不具备，使得信息内容相对单一，信息沟通趋于单向，无法建立沟通和反馈的渠道，严重影响了高校网站的关注度和传播效果。通过 Web 2.0 技术的运用，新闻传播者得以倾听受众的声音，注重从受众的角度入手来提高网络信息的价值。同时，Web 2.0 条件下的新闻网站为师生之间、师生与学校之间、学校与社会之间搭建起一个自由交流、相互倾听的平台，将有助于增进沟通、消除误解、有效地增强师生对校园网络环境的归属感，从而进一步提升校园网的吸引力、影响力和凝聚力，促进和谐校园、民主校园的建设。

（三）将“微内容”与校园网有机结合，为校园网络环境开辟更为广阔的发展空间

传播学理论将 Web 1.0 条件下的传统新闻网站所创造、传播的内容称为“宏内容”，而将 Web 2.0 条件下由每个用户所创造、传播的内容称为“微内容”。Web 2.0 条件下的高校网站，除了学校发布的“宏内容”以外，还将开辟大量由师生、校友及社会网民共同创造的“微内容”，如评论、图片、视频等，这些信息具有来源广阔、制作成本低廉、贴近生活等“宏内容”所不具备的诸多优势，并且有的还是具有较高新闻价值和历史价值的重要资料。Web 2.0 条件下的网站将“宏内容”和“微内容”有机地融合起来，有利于更加综合、多视角地展现学校的发展和师生的精神风貌。

（四）利用新技术实现双向交流拓展，切实提高高校宣传思想工作的实效

互联网交互性的特点可以实现任何地方的人们通过网络“面对面”的交流，每个人既是信息的传播者，又是信息的接收者。这种交互式沟通可以吸引人们由传统的被动式接收信息向主动参与思想交流和沟通转变。高校的宣传网站可以根据受众反馈的意见和思想动态，进行有针对性地解答和引导，从而实现宣传思想工作由传统的单向传播向双向交流拓展，大大提高教育的实际效果。

四、新媒体技术背景下的学生事务管理及网络思想政治教育的相关实践：以华中科技大学公共管理学院为例

（一）整合资源，成立公共管理学院新闻与信息中心

为做好网络建设工作，华中科技大学公共管理学院成立了新闻与信息中心，实现了对网络建设的全程化、全方位管理。中心主任由学院分管宣传工作的领导担任，学院各二级单位、学生社团以及各网站等组织指派专人加入该中心，同时还建立健全各项工作制度。

中心拥有健全的组织结构，中心根据业务需求下设记者团，负责学院新闻的采写、编辑和摄像工作；网络编辑部负责各网站的内容编辑和把关工作；技术组负责各网站的建设与维护工作。中心还配备了专门的办公室以及工作电脑、摄像机、存储盘等硬件设施，并设立了培训基金，定期对中心人员进行专业培训。

（二）服务大局，与公共管理学院发展目标紧密结合

1. 积极服务于学院的教学与学生工作

在学院门户网站中增加了网络课堂功能，鼓励教师在网络上开辟教学课堂。在网络课堂中，开辟了“课堂通知”“课件讲义”“阅读材料”“在线讨论”“辅导答疑”等栏目，既方便教师教学和学生学习，又能为没有修课的学生提供学习机会，体现了大学的开放性特征。目前，学院已有60%以上的教师进驻了网络课堂。同时，网站所链接的中华思想网、中国电子政务网和中国职务犯罪预防网等网站的许多专业论文和生动案例为教学提供了大量素材，基本满足了教师备课和学生自学的需求。

2. 积极服务于学院对内对外的交流

学院领导、教师、学生的三方互动交流可以通过白云黄鹤BBS的院系版进行，但由于白云黄鹤BBS存在注册和发帖限制，因而与校外的互动交流无法得到实现。为此，中心在各网站都开辟了网站信箱等栏目，并开通了人人网、新浪微博、微信公众号等账号，这一措施取得了良好效果。不少家长、考生等都是通过这一渠道与学院取得联系，不少学生也通过该渠道向学院提出了建议和意见。此外，还有不少招聘单位也通过该渠道发布招聘信息。

（三）强化管理，牢牢把握中国特色社会主义大方向

学院牢固树立社会主义核心价值体系的“阵地”意识，主要从思想引领和技术管理两个方面着手加强网络文化建设和管理。

1. 思想引领

（1）树典型、引潮流，将学生中出现的优秀典型通过网络予以及时的报道。

（2）开展国内形势教育，指出互联网的两面性，告诉学生不要被社会（包括网络社会）上眼花缭乱的信息所迷失，在海量信息中要善于明辨是非、看清主流。

（3）利用传统节日对学生进行中华民族优秀文化传统教育，如清明节开展网上祭奠活动，怀念故人、怀念先烈，中秋节开展“弘扬民族团结、维护社会和谐稳定”主题活动。

（4）利用“五一”“五四”“七一”“十一”等节庆对学生进行革命传统教育和爱国主义教育。

2. 技术管理

学院十分注重加强网站的技术管理和维护。

（1）建立了严格的网站管理制度和宣传工作纪律。

（2）各网站都设有专职管理员，具体负责网站的信息汇总、栏目调整、内容更新、新闻发布以及其他信息材料的管理、录入与发布，有效保证了信息的准确、及时、高质量。

（3）配备专职人员为防病毒、防黑客攻击以及网站的正常运行提供技术支持与保障，确保网站正常运行。

大学生网民虽然是具有较高知识素养和一定思考能力的群体，但部分学生受社会思潮影响仍较为明显，乐于将自我归于某一思潮派别。各种社会思潮对大学生的世界观、价值观、人生观潜移默化地产生着积极或消极的作用。而对这种情况，正确引导大学生是高校教育工作者义不容辞的责任。

第三节　建设健康向上高校网络舆论环境的路径与方法研究

一、概述

（一）研究背景

近年来，随着社会经济的快速发展和科学技术的进步，以互联网为代表的新媒体对以报纸、广播、电视为代表的传统媒体形成了强烈冲击。目前，中国网民的主体是30岁及以下的年轻人，他们更加习惯于从互联网上获取信息。高等学校是知识青年最集中的地方，互联网凭借快捷、海量、多媒体、交互性等特点，深受广大师生的青睐。高校网络是新媒体时代高校重要的舆论宣传和思想教育阵地，如何把握网络技术发展趋势，更好地推进高校网络环境建设，值得每一位高等教育工作者深入思考。

1. 互联网迅速发展，成为社会舆论的新载体

互联网发展到今天，已经深刻地影响并改变着人们的生活。中国互联网络信息中心发布的第45次《中国互联网络发展状况统计报告》显示，截至2020年3月，我国网民规模已达9.04亿，互联网普及率进一步提升，达到64.5%，超过全球平均水平；网民规模保持快速增长之势，其中农村网民规模增长迅速。此外，使用手机上网的网民超过4.64亿人。互联网已经成为人们相互联系的主要手段之一。尤其是对于组织而言，无论是商业组织还是非营利组织和政府组织，互联网成为其与公众沟通的主要方式之一。

互联网被称为第四媒体，因为它是继报纸、广播、电视之后出现的另一种媒体。互联网是人们进行信息交流和资源共享的平台，也是反映社会舆情的平台之一，是网民获取信息的主要途径。网络在传播载体和传播方式上与传统媒体有着明显差异，其信息的准确性及传播范围都较难得到有效控制；作为开放平台，各种人群和各类思潮都在互联网落户，不可避免地出现良莠不齐的局面。我国正处于社会转型期和矛盾凸显期，社会上的一些敏感问题在网络上更易引起争论，形成热点话题。

2. 不良网络舆论环境诱致高校群体性事件频发，引发相关管理部门的关注

大学生几乎都是网民。2005 年的调查数据表明，国内 92％的高校已经建立校园网，只有少数高职院校、民办院校尚未建立，这一数据在 2013 年已经接近 100％。绝大多数学校都面向学生开设了包含互联网使用的理论和实践课程，因此，大学生成为学网用网的主力军之一。

高校大学生是网络使用率最高的一个群体，同时它也是网络舆情的生力军。由于大学生的这种网络使用率以及影响网络舆情的能力，使得高校一般群体性事件不断发生，例如“罢餐”“罢课”事件等，这给高校的管理工作带来了一定的挑战。这些群体事件的发生，都与网络脱不了关系。为了健康地引导大学生使用网络这一媒介，中共中央宣传部、国务院新闻办公室、教育部等纷纷建立起各自的网络舆情监控体系。如教育部在思想政治教育司下设网络处，专门负责高校网络舆情的监管工作，同时选定了 12 所高校作为网络舆情直报点，确保实时掌控高校网络舆情信息，以便解决大学生思想政治教育工作和高校管理中的突出问题，这具有重要的现实意义。

（二）研究的必要性

在高校网络环境的建设中，如果网络技术应用得当，将有效破解当前高校网络环境存在的弊端，为高校网络思想政治工作注入更多的活力。

1. 新网络时代校园信息化发展的必然趋势

目前，高校的信息网站的主控权一直掌握在校方的手里。校园网站发布的内容大多是学校的一些工作状态、学生的活动、校园建设等，在校方把握主控权的网络媒体中学生很难把握主动权，同时也很难融入。校方掌握主动权，突出的都是学校领导层的一些意志，它更加注重校园网络窗口作用，缺少了与学生的沟通和交流，很难产生共鸣。因此，校方把控的校园互联网络，学生的使用率是非常低的，转载率也很低。在构建学校网络平台时，要充分考虑到学生网民的需求，包括关于新闻的获取、信息的需求量、需求内容等，充分考虑到这些，才能调动学生参与到网络平台使用的积极性，让学生有归属感。所以，要想提升网络平台的使用率，互联网的学校平台的发展趋势就是顺应网络时代的新要求，增强校园网络的魅力以及对于学生的影响力，让学生很好地参与其中，这样才能更好地为校园

建设服务。

2. 有利于增强师生对校园网络文化的归属感

高效的互联网平台建设要规避互联网中互动少的缺点，因为网络的互动性关系到使用网络者的自身体验。所以，在进行校园网络平台建设时，要增强其互动性，使信息内容多样化，建立良好的沟通和反馈机制，促进互联网网络平台关注度和传播率的提高。随着互联网的发展，在 Web 2.0 应用下，可以为校园互联网的受众，也就是校园的学生、教师之间以及学生和社会之间构筑一个可以直接进行自由交流的平台，使他们互相倾诉需求，加强沟通，消除受众与信息发布者之间的误会。这样有利于增强师生对校园文化的一些归属感，提升他们的创造力，从而提升校园网络平台的和谐、民主建设。

3. 有利于更好地通过高校网络环境进行大学生思想政治教育

互联网是新兴的媒体，由互联网构筑的新的空间对高校大学生的全面发展具有其他环境不可比拟的优势。从这个角度说，互联网不仅仅是思想政治教育的一种方式、工具或载体、平台，而且是推进大学生思想政治品德发展的一种全方位育人环境。因此，充分认识高校网络环境的本质特征，给高校网络发展提供一个好的空间，使其健康发展，这是我们必须要探讨和研究的课题。

（三）高校网络舆论环境的概念与基本特征

1. 高校网络舆论环境的概念

高校网络舆论环境是指以高校为中心，围绕高校这一主体展开的一种独特的网络空间，它既指高校校园网本身的网络舆论环境，也指对高校教育有影响的外部网络舆论环境。影响高校网络舆论环境的因素对大学生思想政治教育既有好的一面，也有不好的一面。不好的一面，我们利用行动可以进行规避，甚至可以改变。建设校园网络平台要规避不好的一面，趋利避害，把不好的一面变为好的一面，建设一个健康良好的校园网络，是校园网络环境建设的重要目标。

2. 高校网络舆论环境的基本特征

（1）高校网络舆论传播速度快。教育的发展一直都是网民以及社会关注的焦点问题，高校的突发事件满足了社会上一些网民的猎奇心理，因此这些信息在高校的网络中传播的速度会非常快。这些信息传播的载体包括 QQ、微信、微博、网络论坛等，这些传播媒介的发展会增加网络舆情的传播速度，使其扩散。

（2）高校网络舆论环境的破坏力极强。高校在社会上的地位决定了高校的受关注度，如果高校暴露出运行中的种种问题，就会在社会上引起相当大的反响。大部分网民很难忽视高校运行中的相关信息，这些信息会给一些网民带来焦虑，有的网民甚至会把这些事件的影响放大，把这些事件的负面信息不断扩大传播，甚至失实传播。作为受高校管理的大学生，在这样的传播下会对高校进行口诛笔伐，甚至引起学生群体极端化的事件发生，对高校的名誉造成极其不利的影响。

（3）高校网络舆情主体的同质性非常强。学生群体是我国网民中所占比率最大的群体，占我国所有网民的1/3。高校突发事件的发生，虽然同其他社会上的网络舆情一样，是各种因素相互作用的结果，但因为学生群体是使用网络最多的群体之一，所以很容易将高校的网络舆情推到风口浪尖。在突发性事件的网络舆情中，学生所扮的角色是双重的角色。第一种角色就是对学校持高度认同的学生网民，他们的信息是真实和完整的，另一个角色就是对于高校持低认同度的学生，他们会利用高校的突发性事件对学校进行攻击。

（四）研究的主要内容与结构

首先，陈述了研究的必要性以及基本的概念与特征；接着，从热点舆情的关注度、日常生活帖的内容、高校面临的外界舆论压力三个方面，实证研究了影响建设健康向上的高校网络舆论环境的三个因素，并得出了具有一定实践指导意义的结论；最后，在华中科技大学的经验基础上，构建了实现健康向上的高校网络舆论环境的方法和路径，如图 6-1 所示。

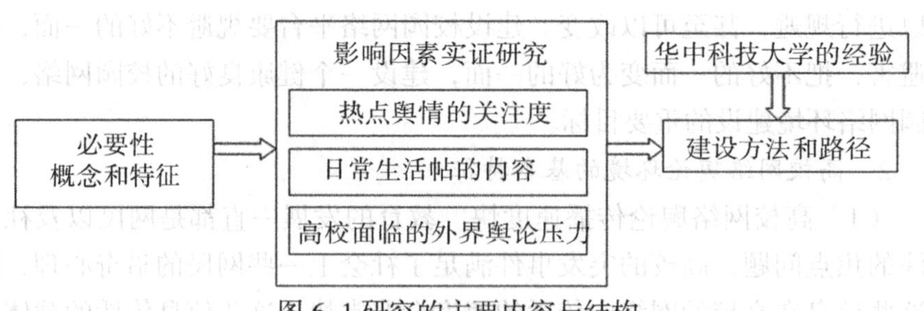

图 6-1 研究的主要内容与结构

二、健康向上高校网络舆论环境建设路径

健康向上高校网络舆论环境在阵地建设上要突出主题，形成校内网络平台与校外网络平台的有机统一；在舆论内容上主流价值平民化，形成一元化主导、多元化共存的局面；在舆论主体上教师主导、学生主体，形成管理者、引导者与师生网民的良性互动。

（一）健康向上的高校网络舆论阵地建设

依据健康向上高校网络舆论范畴的界定，从两个方面来加强阵地建设。网络阵地包括学校内部自建的各类网络平台，以及以学校名义在社会网络上建立的各种平台，如高校的贴吧、官方微博等。这两类网络平台都是高校自身建立，能汇集师生访问、互动。重点是校内网络阵地建设，当然以学校名义在社会网络上建立的各种平台也应高度重视。

1. 校内各类网络平台建设

高校校园网络建设日臻成熟和发展，但并非意味着其步伐与时俱进。由于交互性匮乏、信息聚合度不高等原因，高校校园网对大学生乃至教师的吸引力并不大，其影响力也十分有限。而建设健康向上高校网络舆论环境，必须加强校园相关网站建设，巩固校园网络阵地，充分发挥高校校园网络作为师生参与舆论和沟通交流的主阵地作用。

一般来说，高校第一批建成的网站大都是学校及学校下属单位两级门户网站，并投入运行使用，在学校建设和发展中发挥着积极的作用。在健康向上高校网络舆论环境构建上，应进一步加强此类网站的建设。对于新设立的部门，还没有来得及建成部门网站的单位要把建设部门网站事宜列入议事日程，及时建成。

2. 完善网站内容，拓展服务功能，提高网站吸引力

要对网站进行完善，拓展其服务功能，使网站更具有吸引力。尤其是党委宣传部门、学生工作部门等部门的网站要大力建设，因为此类网站与学校宣传及大学生教育培养、思想政治教育关系较大。

3. 网站运营专业化，及时更新网站内容

要有专门部门和专人负责网站的运行管理工作，及时更新网上信息内容，强化学生教育培养方面的信息。

4. 制定保障措施

在人员配备、资金投入等方面要有具体的保障措施。要充分发挥师生

自身的主观能动性，由于大多师生都具有一定的计算机水平，掌握一定的计算机动手操作能力，同时网络平台的构建变得越来越容易，他们可能会自建网络平台。针对此情况，学校应充分调动各方的积极性，发挥师生的智力优势，鼓励师生自建各类有意义的网络平台，并通过出台相关规章制度加以规范和引导，进一步加强网络平台建设。

在网络平台建设上，学校要给予指导和帮助，加强对网络平台的管理，保证网络平台为师生的学习、科研和生活服务，并及时解决在网络平台建设和运行中出现的问题，确保其健康有效运行。

5. 结合实际不断完善

（1）要提高校园网站吸引力。面对广泛的网络选择空间，校园网站能否对大学生产生吸引力关系到能否进行网络舆论引导的重要方面。学校要转变传统的网络建设和维护观念，积极适应大学生的网络应用习惯，将交互性和开放性融入网站配置中，及时打造微博、博客等开放性交流平台，并在网站风格、内容等方面努力贴近大学生，吸引大学生关注和使用校园网站、论坛（BBS）、微博等媒介平台。

（2）要增强校园网站的公信力。只有大学生对校园网站等相关媒介产生信任，方能使网络正面舆论获得大学生的认同，取得成效。因而，学校应注重校园网站的规范化建设，在官方信息发布方面树立权威性，形成线上和线下的言行同一性，在理念、制度、行为等各层面形成全方位的公信力。

（3）要强化“把关人”意识。借助校园宣传阵地的渗透力，选择灵活的宣传方式进行干预和引导，做好相关信息的把控。对本校的开放性网站、论坛、博客、微博、群组等进行实时监控，及时关注和研判涉及本单位的热点话题，及时做出回应、解释、说明和引导，尤其是在应对舆论危机方面，更应做到未雨绸缪、快速反应、及时消解、反馈跟踪。

（4）要主动设置议程。对可预见的网络舆论苗头进行议程设置，建立起相应的预案；对可能出现的重大舆论危机事件进行集体研判，并通过调研设置舆论议程，利用校园网络等宣传媒介引导公众议程向舆论议程靠拢并合一。

此外，还可利用技术手段对垃圾舆论第一时间进行识别、堵截和屏蔽，形成健康向上的高校网络舆论环境。校园网络阵地建设是一项长期的工程，需要高瞻远瞩、长久坚持、循序渐进、理性发展，方能使高校网络舆论引导获得坚实的根基。

6. 通过社会网络建立各种平台

网络通信工具通常情况下包括电子邮件及各类即时通信工具等，它们方便快捷，易被人们使用。随着技术的发展和功能的拓展，网络通信工具已经从最初的类似于邮件的个人之间点对点的交流软件，演变成具有群组交流功能和网络可视化语言交流功能的强大网络交流工具，即网络即时通信工具，主要包括 QQ、微信等。它的群组交流功能可以使人与人方便地联系起来，无论是否在学校，同学之间均可通过它交流沟通，传达事宜。教师可以利用它在第一时间掌握学生的思想动态，及时解决存在的问题。通过使用网络即时通信工具，教育者可以了解受教育者，也可被受教育者所了解，从而相互影响，实现潜移默化的引导。

此外，高校的百度贴吧、官方微博等两类网络平台都是高校自身建立，能汇集师生访问、互动。

（二）健康向上的高校网络舆论内容建设

计算机网络的出现也就意味着网络文化的产生。实际上，网络以其特立独行的风格和行为对现实世界产生影响。网络中的文字、图片、视频乃至页面设计作为文化符号构筑了一个与现实社会相对应的虚拟世界，深刻影响着人类的生产和生活。提升高校网络舆论引导能力，最根本的还是要形成良性的高校网络文化，以文化人，让大学生在健康向上的网络环境中能够理性发声、多样创造、畅通交流，以知识人的身份看待网络世界、遨游网络的知识海洋。在舆论内容上坚持主流价值平民化，形成一元化主导、多元化共存的局面。

杜坤林认为，高校网络舆情包括学生对国内外重大热点问题、有关国家、民族情感等敏感问题的网上言论，事关学校自身形象和办学声誉，关于学校的教育教学管理方面的舆情信息，涉及校园突发公共事件以及校园周边治安环境等校园安全信息。

马春来认为，高校网络舆情包括与跟中国有关的国际时事政治有关的网络舆情、与国内各种新闻有关的网络舆情、与高校校园及与大学生自身利益有关的网络舆情。

何保建在《教育探索》（2007 年第 9 期）发表的《“三观”教育是网络思想政治教育的核心内容》一文中指出，在网络环境中，人们会逐渐地形成带有鲜明网络特点的网络社会意识，主要是指网络世界观、网络人生观和网络价值观，这是网络思想政治教育的核心内容。

黄日干在《广西师院学报（哲学社会科学版）》（2001年第4期）发表的《网络思想政治教育内容论》一文中指出，根据网络传媒的优势和网络思想政治教育的任务和特点，网络思想政治教育的内容主要包括网络思想教育、网络政治教育、网络伦理教育、网络心理教育、网络法律教育、网络人文科学知识教育、网络国情教育、网络中华传统优秀文化教育等内容。这些内容相互联系、相互渗透和相辅相成，共同构成了网络思想政治教育的内容体系。

范洪涛在《今日科苑》（2008年第2期）发表的《浅议大学生网络思想政治教育的基本内容》一文中提出以网络道德教育为代表的大学生网络思想政治教育新内容，并积极倡导大学生网民网上自律。

按照《中共中央国务院关于进一步加强和改进大学生思想政治教育的意见》（中发〔2004〕16号）的要求，大学生网络思想政治教育的主要任务是利用网络以理想信念教育为核心，深入进行树立正确的世界观、人生观和价值观教育，以爱国主义为重点，深入进行弘扬和培育民族精神教育，以基本道德规范为基础，深入进行公民道德教育，以研究生全面发展为目标，深入进行素质教育。

结合网络思想政治教育内容，健康向上的高校网络舆论环境内容建设上，要以社会主义核心价值体系为指导，以社会主义核心价值观为引领，积极推动主流意识形态在高校网络舆论环境中的主导地位，加大网络思想教育、网络政治教育、网络道德教育、网络法纪教育、网络心理健康教育、网络信息素养教育等内容，尽力提供学生需要的信息内容，营造和谐、理性、自由的环境氛围。

重点是加强高校的网络文化建设，主要是要利用高校网络载体，打造大学生喜闻乐见的网络精品栏目或节目，规范高校网络的资源，净化网络环境，建立网上文化课堂，开展以网络为平台的校园文化活动，鼓励大学生利用校园网络进行创新实验和合作性学习等；同时，加强校园网络的服务性功能建设，从软、硬件等方面使大学生对校园网络形成依赖感。

此外，还应利用课堂内外的各种宣传渠道强化大学生的网络素养教育，倡导健康上网方式，营造良好的上网环境，加强网络心理健康教育，有效利用网络这一工具助力大学生成长成才。

（三）健康向上的高校网络舆论主体建设

在网上舆论主要影响因素方面，据研究机构分析显示，网络舆论场中影响较大的声音分别由这四个方面发出：党和政府、新闻媒体、意见领袖和广大网民，这是网络舆论的主体。对于高校网络舆论，主体包括学校及学院行政管理人员、教师、学生。如果从职能上，可分为管理人员、引导人员、传播人员等。职能和身份之间存在一定的交叉。现按身份进行分类阐述。

一般情况下，在管理队伍上，成立由校领导，以及党委宣传部门、学生工作部门、网络管理部门、各相关学院负责人组成的学校网络舆论环境建设领导小组。领导小组下设办公室，成员由党委宣传部门、学生工作部门、网络管理部门、各相关学院的管理人员组成，挂靠在党委宣传部门。为了保证网络平台的健康、高效运作，网络管理部门提供技术支持。工作的开展需要人员来完成，工作人员具有扎实的业务知识和技能是工作取得成效的关键所在。在网络环境下，高校要注重培养一支政治理论水平高、责任心强、熟悉网络舆论工作的队伍，并及时充实一些精通计算机网络技术的专业人员到队伍中来。高校要为这支队伍创造良好的政策环境、工作环境和生活环境，政治上爱护、工作上支持、生活上关心，拓宽这批工作者的视野，在学历进修、职称评定等方面要予以重视，使他们工作有条件、干事有平台、发展有空间，最大限度地调动他们的积极性和创造性。同时，要注重优化队伍结构，多吸纳一些素质高的年轻人到队伍中来，这样易于同大学生打成一片，做细、做实网络舆论工作。

“师者，所以传道受业解惑也。”对于学生而言，教师的育人作用是最重要的，教师要经常上网了解学生的思想动态，对学生的思想、学习、科研及生活进行全面指导，尤其是在学生的思想政治素质培养方面，教师要以身作则、身体力行、严于律己、以德施教，进而以高尚的情操、丰富的知识和健全的人格影响教育学生，为学生做好楷模和榜样。目前，有的教师因年龄较大，缺乏主动更新知识、参与实践的意识，心理上还没有适应环境的变化，计算机网络知识的储备也不足。意识从来都是行动的先导，面对互联网汹涌澎湃的发展态势及其对社会文化越来越深入的影响，它给高校思想政治教育工作的内容、方法手段等方面带来了很大的变化。为促进工作的开展，高校教师必须勇敢地站在时代的前沿，抓住机遇，迎接挑战，大胆创新，努力学习和掌握计算机网络知识，不断提高网络技术水平，增强网络意识，进行深入研究和实践。在心理上形成一个开放的、全方位的教育信息传播理念，要有捕获信息的灵敏度和敏锐性，掌握和提高利用网络及时收集、筛选和处理信息的能力，主动适应快速发展的社会。

实践的主体是实践活动中具有主体性和能动性的因素，它担负着提出实践目的，操作实践工具，改造实践客体，从而驾驭和控制实践活动的多种任务，主体性是指“主体在与客体相互关系中生成并表现出来的主动、主导、积极能动的性质”。在构建健康向上的高校网络舆论环境中，可发挥大学生的能动作用，他们对教育内容有分析和判断的能力，在一定程度上影响着网络载体作用的发挥，并把自己的思想意识能动地转化为实际行动。一些学生干部品德高尚、业务精湛、综合素质高，如学生会主席团成员、党支部委员等。因此，为充分发挥大学生的主体性，调动他们的积极性，在实际工作中，要鼓励和支持学生干部、“学生意见领袖”组织开展各类各层次有意义的网上课外活动，切实发挥大学自我教育、自我管理和自我服务的能力。

在具体引导工作中，高校网络舆论关涉面比较广泛，并具有较强的专业性质，因而，其引导主体不是单个的部门或人员，不宜各自为战，应形成协同合作的引导队伍。具体而言，高校网络舆论引导队伍涵盖了高校党委宣传部、学生工作部（处）、团委、二级学院（系）、辅导员、专任教师、网络管理人员等与大学生工作相关的个体及其集合。此外，还包括学生中的意见领袖、网络管理员、学生骨干等。由于涉及机构和人员比较复杂，就需要明确各自职责，并由专门的舆论引导工作小组统一领导，统筹协调相关事宜。在整个队伍建设上，职能部门及二级学院（系）发挥着核心作用，具有官方立场性质，而辅导员、专任教师则是学校主导立场和学生立场之间的桥梁，学生中的意见领袖等是学生立场的代表者，一定程度上是学生利益诉求的代表者，同时也是可塑的对象。在这种梯级队伍中，舆论的流向是双向的，可以简化为下情上达和上情下达两个互动演化过程。如何使这两个过程形成统一，则需要相应的机制支撑。

三、高校校园网络重大突发事件正确应对

（一）高校校园网络突发事件的主要特点

1. 突发性

校园网络突发事件具有突发性，很难以预测，校园生活中师生的一些简单的小事在网络上出现，进行互动交流后，看似平常的事却能引发重大舆论风波，甚至引发肢体冲突事件。还有一些关于国家的、民族的、宗教的问题在网上发布引起的校园重大突发事件都是无法预知的。尤其是学生，

接触社会太浅，面对网络舆论引起的重大突发事件习惯于感性认知，易冲动，好奇心重，喜欢跟风导致舆情事件扩大化。

2. 交互性

校园网络突发事件的一个鲜明特点是具有交互性。现如今，网络社交平台有微博、论坛、社区、留言板等，多种多样的社交平台为师生发表观点和意见提供了机会。师生可以在这些平台上互相交流，交换看法，一旦一些网络舆论被激化、扩大化，就会引发校园重大突发事件，人们思想出现问题，甚至行为失控，出现一些意想不到的突发事件。

3. 广泛性

校园网络重大突发事件的广泛性体现在影响的范围比较宽，时间持续较长，传统媒体和新兴媒体都参与其中，群众参与度较高。特别是网络发达的今天，重大事件发生后各种门户网站都会争先报道。

4. 危害性

校园网络重大突发事件具有严重的危害性，破坏社会和谐，危害人们的生命和财产安全，不但给人们带来身体上的伤害，还带来心理上的伤害。校园网络重大突发事件一些是正当的维权、利益诉求等处理不当引起的冲突事件；另一些是部分人为了达到自己的目的，抹黑事实，挑起事端引发的重大事故。这两种情况都对校园和谐具有严重的破坏性。控制高校网络舆情的目的就是为了防止和减少校园突发事件的发生，营造和谐的校园氛围。

（二）应对校园网络重大突发事件存在的不足

1. 应急能力不足，反应迟钝

面对校园重大网络事件，很明显的缺陷是领导部门反应慢，应急能力差。一些领导部门等到事件上升到一定程度或者爆发后才召开紧急会议，商讨怎么解决，而且程序较烦琐，错过最佳解决期，导致问题扩大化。校园重大突发事件对高校应急反应能力提出了挑战，如何快速有效应对，简化流程是高校要解决的首要问题。

2. 不健全的体制机制

高校应急能力建设的三大主体：制度建设、队伍建设、基础设施建设。校园重大突发事件一旦发生将牵扯很多问题，各领导部门的职责分工不明确，不能责任到人。专业人员缺乏，关键时刻无法找到专业人员解决事件。应急装备供给不足，导致面对紧急情况无法着手，时间浪费在基础配置上。

3. 采取的措施不当

面对高校网络重大突发事件时，领导部门在处理问题时不但不能够使事件消停反而使事件扩大化，或者采取的解决措施不能起到作用，不能够及时采取更换措施的策略。在制定措施时，一些部门缺乏备选方案或应急方案去应对各种情形的变化。

（三）高校校园重大网络突发事件的应对措施

1. 建立网络舆情监测机制

网络舆情监测机制是预防校园网络重大突发事件的重要方法。高校应该对网络上的舆论进行监管，对比较热门的、敏感的话题进行监测，一旦发现舆论升级扩大，向着不利于校园和谐的方向发展，应立即上报有关管理部门。随时倾听师生的诉求，解决他们在生活、工作、学习中出现的问题。应对校园重大突发事件最好的方式还是随时监测，预防为主，把问题解决在萌芽之中。

2. 随时研判高校网络舆情事件

网络舆情研判机制是分析高校网络事件的核心，是对网络舆情定性和定量分析，判断网络舆情发展趋势，有无危害的方法。通过高校网络舆情研判能够让我们掌握高校师生的动态，了解舆情发展趋势，解决校园重大突发事件。随时对高校网络舆情进行研判，才能够掌握动态的舆情信息，在不断发展中去分析看待舆情信息，从宏观角度去把握问题。只有掌握了动态的网络舆情形势才能对高校重大网络突发事件应对自如。

3. 科学引导高校网络舆情

一般情况下，校园网络重大突发事件起源于日常生活中的常见问题，但是经过网络宣传互动及其炒作变得一发不可收拾。为了防止校园网络突发事件，在网络舆情方面必须进行科学的引导，对网络舆情进行科学引导是我们预防校园网络重大突发事件的最佳办法。面对舆情事件，要建立校园网络发言人机制，及时回应网络上有争议的事件，引导师生网络言行，调节缓和校园内部矛盾。

4. 健全体制机制，提高校园网络突发事件应对能力

体制机制不健全是处理校园网络重大突发事件的障碍。它妨碍了办事的效率，影响办事的效果，俗话说“巧妇难为无米之炊”就是这个道理。有健全的制度保障、优秀的团队、先进的设备，处理网络重大突发事件才会得心应手。在健全体制机制方面高校领导部门必须认真贯彻落实，建设

一流的高校网络舆情事件处理平台，打造一流的网络重大突发事件应急团队，建立健康向上的高校网络舆论环境建设的长效机制，确保积极和谐的网络舆论生态和网络环境。

健康向上的高校网络舆论环境建设的对策之间在层次上是递进关系，在内容上是相互联系的综合系统。我们在应用这些对策时必须协调它们之间的关系，让这些策略形成合力，发挥出最大效能。把握舆论引导的基本原则是健康向上的高校网络舆论环境建设对策的前提条件，是一种思想层面上的东西，具有政治高度的总领概括性，给予我们实践上的指导。提升高校师生的网络素养和规范网络法律与上网道德分别从主客观两个方面阐述了我们在舆论环境中自身建设方面的做法。建立网络舆情研判和回应机制及正确应对校园重大突发事件是从具体操作层面出发。面对网络舆论这个客体，构建健康向上的高校网络舆论环境，我们在实际舆论生活中要遵循做事的一些基本原则，实际操作中学会变通，灵活使用健康向上的高校网络舆论建设的对策，达到构建健康向上的网络环境的目的。

四、建设健康向上的高校网络舆论环境的对策

（一）规范网络法律

1. 建立网络实名制

网络实名制是指对网络用户采取实名注册制度，个人信息处于半公开或完全公开状态。实行网络实名制有利于规范网络行为，减少匿名群体在网络上制造妨碍社会和谐的言行。一旦发生网络事件，对网络违法违规事件追责到人，维护合法人的权益不受侵犯。在网络论坛、微博、空间等社交平台上，用户实名制能约束规范使用者的言行，出现网络事件也能查询到肇事者，能够很好地抑制网络不良风气，低俗信息及非主流价值观的影响。

2. 加大对网络运营商准入的审核

网络运营商承载着大量网络用户，对网络运营商要认真审核，规范网络运营准入制度。网络运营商是网络现代化主体，推动着网络的发展。如今，受市场经济的负面影响，网络运营商以获得利益最大化为标准，忽视社会责任，对自己运营的网络载体出现危害社会的言行采取实行纵容的方式，甚至主动做危害社会的网络行为，对于这种情况必须从源头杜绝，防止网

络运营商破坏和谐网络环境的行为。

3. 完善法制，建立健全网络法律体系

构建健康向上的高校网络舆论环境需要我们完善网络法律法规，建立健全法律体系，法律制度是我们构建和谐舆论环境的保障，从法律上去管理网络环境是和谐社会建设必不可少的内容。判断网络舆论是否对社会具有危害性以及危害性大小都以法律为准绳，网络言行只有在法律的框架下进行才能符合构建健康向上的高校网络舆论环境的要求。

4. 建设网络警察队伍

网络法律及网络道德是明文硬性规定，现实生活的人是灵活多变的，一些网络经营者及使用者为了达到目的会不择手段，想方设法地避开法律的准绳和道德的约束。建设网络警察队伍是化被动为主动，主动去发现和制止网络违规言行，让这些钻法律空子的人现身，查处那些破坏和谐网络舆论环境的人。同时，清除网络上不利于和谐社会建设的言论，引导网络舆论朝正面发展。

5. 实行网络运营商管理网站的措施

网络和谐舆论环境的构建需要多方投入，实行自营自理的方法更有利于发现问题和解决问题。网络运营商是网站的建设者和管理者，运营者可以对不利于和谐网络环境的言论及时清除和禁止，防微杜渐，让危害扼杀在萌芽状态。发挥网络运营商的积极作用可以起到事半功倍的效果，可以说健康向上的高校网络环境的建设很大一部分取决于网络运营商和使用者的积极配合。

（二）上网道德的规范

1. 加大高校网民的网络道德建设

高校是高素质人才聚集的地方，网民的道德素质普遍较高，高校网民道德建设更容易实施。我们可以采取理论灌输的方式和实践熏陶的方式去弘扬网络道德规范。理论灌输的方式要求我们对高校师生集中进行网络道德培训课，让网络道德言行入驻我们的思想，铭记在我们的心中。实践熏陶的方式要求我们在校园举办“构建健康向上的网络舆论环境，规范上网道德”活动，认真践行健康向上的校园网络环境的道德规范。

2. 加大对网络运营商的行业道德建设

每个行业都有自己的行业道德规范，行业道德规范是行业繁荣稳定的前提，没有行业道德规范的约束，那么行业内部难以有序进行。网络运营商的行业道德规范是规范网络运营商的具体规范，体现了本行业的特点。加大网络运营商的行业道德建设能够更好地规范运营商的网络行为，为营造良好的高校网络舆论氛围奠定基础。

国家治理需要法律与道德，社会和谐需要法律与道德，构建健康向上的高校网络环境也需要道德和法律。网络法律与网络道德是法律和道德在网络行业的具体运用，规范网络法律与上网道德是社会和谐的内容。在具体网络环境中规范网络法律的措施多种多样，我们要具体分析具体运用才能达到法治效果。在网络道德中，要做到规范网络道德的主体与客体，从而保证网络秩序的运行。在现实生活中，要做到网络法律与网络道德相结合促进健康向上的高校网络环境建设，二者相辅相成，是不可分割的统一体。

（三）提升高校师生网络素养

1. 社会层面

首先，完善高校师生网络素养培育的相关政策。国家要制定相关的网络素养培育政策，为培育高校师生网络素养提供支撑。

其次，教育部门应该从宏观上引导高校师生，充分发挥高校师生网络素养培育的积极性和主动性。制定网络素养培育的标准，为高校师生的网络素养的培育提供参考标准。

最后，政府有关部门应该建立专门的网络监督监管体制，确保高校师生网络素养培育朝着正确的方向发展。对网络上负面的、不利于社会和谐的舆论信息进行排查清除，营造良好的高校网络舆论环境。

2. 高校层面

高校因肩负着高等教育的重任，必然成为网络素养培育的主阵地。

首先，高校应该打造一流的网络素养培育的专职教师队伍。

其次，高校要制定相应的网络素养培育课程，定期组织师生网络素养理论课程学习，培养高校师生的网络情操。

最后，学校职能部门也应该优化校园的网络环境，校园网络及网站管理者应防止低俗、非主流的文化思想对师生的侵蚀，开启师生网络知识获取的绿色通道。

3. 家庭层面

家庭与人们的生活密切联系，它在人们的生活中占有重要地位，可以说家庭环境的影响伴随着人们的一生。随着生活水平的提高，网络遍布家家户户，因此家庭的网络环境也越来越受到重视。构建高校和谐网络舆论环境必须认真对待家庭网络环境，因为教师授完课会回到家，学生在假期也会回到家，师生与家庭成员相处的时间较长。在业余网络时间中如何自我管理，自我约束，并且如何在营造健康的家庭网络环境中起到以身作则，起到示范引导作用，日常生活中良好的家庭网络言行对高校师生的网络素养提高有很大的帮助。

4. 个人层面

作为新时代的师生，我们应该树立正确的网络价值观，在网络使用中规范自我行为，学习网络法律知识及道德规范，提高自我的网络素养，让正确的网络价值观念主导我们。培育和践行正确的网络观，让这些法律知识和道德规范内化于心，在实际生活中外化于行。作为高校教师要为构建健康向上的高校网络舆论环境起模范带头作用，主动去提升自我网络素养。学生在高校群体中占多数，是高校网络舆论环境建设的主体，也要切实加强网络修养，提升使用网络能力恪守网络法规法纪。

（四）打造网络舆情减压者角色

1. 网络舆情工作体系

一是配齐。为了保证舆情信息工作人员相对稳定，不出现工作断档，应该明确要求：舆情信息工作人员若调离或改做其他工作，有关网点必须迅速补充新生力量。每半年要对各网点分管领导、专职兼职舆情信息工作人员进行一次登记，发现缺位的，应该限期补齐。

二是配优。在配备舆情信息工作人员时要考虑三个因素：思想政治素质、业务工作水平、文字表达能力。

三是配强。为了有效增强舆情信息工作力量，党政业务部门要打破业务工作界线，实行强强联合，改变以往舆情信息工作仅仅由一个工作机构负责的做法，抽调理论、新闻、文秘等业务骨干，建立舆情信息工作小组，共同搞好舆情信息工作，实现舆情信息工作由“孤军奋战”向“兵团作战”转变，形成人人有任务、全员搞信息的良好氛围。

四是配全。网络舆情信息是舆情信息工作的一个重要组成部分，所以还应配备网络管理工作人员，聘请一批网络评论员，构建从官方到半民间、民间的工作体系。

2. 网络舆情收集

做好网络舆情减压者的角色，首要的问题就是要进行网络舆情收集。

网络舆情的收集可以防范学校群体性事件发生，收集的网络舆情信息必须准确、规范。如果存在不规范之处，一方面给工作人员造成了甄选压力，另一方面也造成了无效信息过量，可能会影响人们对于事件的正确判断。采集信息过量的主要原因一是目的不明确，标准有些偏差；二是缺乏必要的编辑整理过程。

网络舆情信息的来源主要包括一些高校的BBS、社会网站，还有一些境外的网站等。高校舆情信息的范围包括：涉及高校安全稳定的热点信息、关于高校的一些负面影响的信息、煽动学生群体性事件的信息等。除此之外，社会热点也是高校网络所要收集的信息。关注当日的国内外热点，除了传统的一些手段外，还可以利用百度等搜索引擎的搜索排行榜，排行榜上把网民搜索和关注的最新最热的关键词都列了出来，很容易看出最近网民们在谈论什么话题。

收集网络舆情的最佳时间有以下几个：7: 00左右——许多大型门户网站上每天新闻发布的时间都是凌晨，此时可以最先了解到当天最新发布的舆情；10: 00左右——此时大部分网民开始上网并表达自己的观点；20: 00左右——此时上网的网民的舆情表达很强烈。这些工作的开展大部分在通常的上班时间之外，所以做好舆情工作是很辛苦的。

3. 网络舆情汇报

为提高舆情信息质量，对所有上报信息要坚持做到“一有利”“二修改”“三不报”“四应有”。

一有利：所有采写的舆情要有利于问题的解决、工作的开展、社会的稳定和发展。

二修改：一般干部采写的舆情由所在科室负责人修改，科室负责人和专职信息员采写的舆情由分管部长修改。

三不报：观点不新不报、内容不实不报、质量不高不报。

四应有：所有上报信息都应有依据、来源、分析和建议。

（五）打造网络协同管理者角色

加强高校网络环境建设与管理，需要高校管理部门在管理的科学性上下功夫，力争使网络环境的建设与管理都有条不紊。打造网络协同者角色要做到以下六步：第一，建立领导小组，主要领导主抓。要成立以学校党委书记为组长的领导小组，学校的各部门要尽力配合，协同完成、齐抓共管。建立健全明确的管理制度，要按照“谁主管，谁负责”的标准，各个部门通力合作，各负其责。学校领导要高度重视网络环境的建设和管理工作，领导要主抓网络环境建设。第二，转变管理思路，积极把握主动。学校的领导者要进一步转变工作和管理的思路，进一步解放思想。以学生为基础，加强与师生的沟通，在管理方面把握主动权。第三，充实管理队伍，形成网络合力。高校要打造一支精干的网络环境管理队伍，加强网络环境建设。管理队伍要师生结合、网上网下结合、专兼职结合，齐抓共管；要培养具有大局意识的学生骨干，用他们的行为引导其他学生的行为，与师生平等的对话，积极主动沟通。通过师生、专、兼职职工、领导以及其他教职工的合力，共同打造良好的网络环境。第四，积极回应舆情，消除负面言论。要不断监控网络舆情的发展，面对遭到质疑的舆情，要积极地进行回应，深度进行剖析。在舆情方面要抢占先机，赢得主动权和话语权。及时消除负面言论造成的不利影响。第五，畅通网络渠道，加强思想疏导。在网络上，网民的言论是自由的。网络平台是网民进行民意表达的一种有效的渠道。所以，学校要进一步做好网络平台的管理，畅通渠道，把好审核关。倡导学生进行民意表达的同时，也要进行分流。对失实的不利言论，找出其发生的源头，及时解决。对于网上的舆情信息，相关部门要及时作出回应，形成网上网下齐抓共管的联动机制。同时，要将舆情信息进行整理归档。第六，完善管理制度，规范网络环境。高校可以制定两个层面的管理制度，一是学校层面的制度，二是网站层面的制度。

第四节　“互联网 +”视域下高校校园网贷现状调查及对策研究

“培养什么人，怎样培养人”，是高校的根本职责所在。《国家中长期教育改革和发展规划纲要（2010—2020 年）》强调，把育人为本作为教育工作的根本要求。互联网覆盖了高校的校园。高校，曾经的象牙塔，成为了牟利者的眼中物。最近几年来，淘宝、京东、唯品会等网购平台的兴起，在高校非常流行。与此同时，一些号称“帮扶对象”“助力创客”等幌子的小额网络贷款公司悄悄出现在大学校园。

这些校园网络贷款公司专门针对在校大学生发放额度不等的贷款，最快的一分钟申请，三分钟审核，三十分钟放贷。额度从 500 元到十万八万甚至几十万元不等。这些网络贷款公司经常抛出“可以分期付款，较低利率”甚至不用付利息的手段，骗取大学生来贷款。大学生们只需要按照网络贷款公司的要求填写相关个人信息，把自己的生活照片或者个人生活视频上传给网络贷款公司。网贷公司拿到这些信息后，就把数额不等的款项打到大学生的银行卡或支付宝或微信里。小额贷款公司宣称的这些幌子，在没有什么社会经验的大学生面前，其实处处是陷阱。

一、校园网贷现状

当前高校中校园网贷层出不穷，借贷方式多种多样，有的小额贷款公司通过在大学校园张贴小广告的形式吸引大学生眼球，勾起大学生贷款欲望。

当这些大学生有网贷需求的时候，就会好奇地试着去点开它、了解它。看到校园网贷对贷款的条件这么宽松，大学生便会抱着试一试的态度去接受这种贷款方式。还有就是分期付款，让现在没有钱买贵重物品的大学生也可以很容易地买到自己心仪的商品。

二、校园网贷调查

“马克思主义认为，人总是生活在一定的价值体系之中，他们通过价值的选择来认识世界和改造世界。无论是价值体系还是核心价值体系，都属于社会意识范畴，是社会存在的体现。”针对校园网贷，我们在大学生中进行了问卷调查。

（一）绝大部分大学生每月生活费不高

大学生喜欢紧跟时尚，尤其是电子产品。电子产品动辄几百上千，甚至几千，而大学生的月生活费却不是很高。根据笔者问卷调查，50% 的同学每月生活费在 1000 ~ 1499 元之间；20% 的同学在 500 ~ 999 元之间；20% 同学在 1500 ~ 1999 元之间。可以看出，80% 同学的生活费都不宽裕，其中有 40% 同学反映每月生活费勉强够用，10% 的同学反映不够用。

（二）有一部分大学生对校园网贷不熟悉

对于校园网贷这一贷款方式，官方也缺少正面引导。据笔者调查，有 30% 的大学生根本不了解，90% 的大学生没有听说过身边的同学使用过校园网络贷款。由此可见，这方面管理的漏洞给了校园网贷以可乘之机。

（三）校园网贷用途堪忧

那么使用校园网贷一般用来干什么呢？据笔者问卷调查统计，20% 用来买时尚数码产品，20% 用来吃喝玩乐，还有 60% 用在其他地方。用来购买文体用品或者交学费的占比 0%。统计反映出，校园网贷去向值得家长和学校深思。

（四）校园网贷额度累积惊人

根据问卷调查统计，校园网贷 10% 的额度在 500 ~ 2000 元，10% 的额度在 2001 ~ 10000 元，10% 在 50000 元以上；70% 的大学生表示不会去尝试。虽然校园网贷的只有 30% 的人群，但是，以一所万人大学为例，校园网贷的规模可能达到几百万元。

（五）大学生存在金融业务知识短板

问卷统计结果显示，有 40% 的大学生对校园网贷的利息根本不了解，30% 的同学对校园网贷的合同根本不了解。稀里糊涂地签下了校园网贷的合同。有大学生就透露，网络贷款贷 10000 元，分 12 个月还清，每个月仅需偿还 1102 元。1102 元看似很划算，可经过仔细测算，一年总共需要支付 13224 元，年利率竟然高达 32.24%，超过 24% 的国家相关规定，明显属于高利贷。

（六）校园网贷还款压力山大

问卷调查统计显示，30% 的大学生最迟一个月还清贷款，10% 的大学生最迟一年还清贷款，10% 的大学生最迟一年半还清贷款，20% 的大学生超过一年半才能还清贷款。这组数据表明，有 40% 的大学生还校园网络贷款的压力很大。这势必会影响到大学生的学习和生活。

三、校园网贷影响分析

校园网贷作为互联网金融，在国家相关法律制度还不十分健全的情况下，游走在法律法规的灰色地带，对尚未走出校门的大学生来说，是一种误导性诱惑。这种诱惑对本人、对家庭、对社会都产生了严重的影响。

（一）大学生心理负担骤然加大

大学生从高中一路走来，是青春活力的象征，喜欢时尚电子产品，存在恋爱需求，不可避免地会相互攀比。但是，真正想去兼职或打临时工的大学生很少，于是网络贷款就成了最便捷的方法。而大多数学生只会花钱，对利息的计算停留在初始阶段，想当然地认为只要自己平时省吃俭用，这点贷款会很快还上。殊不知，这就是一个陷阱。还款期限到的时候，发现自己已经无能为力。在网贷公司的威逼利诱之下，有的大学生只好拆东墙补西墙，向同学借钱，或者向别的网络贷款公司借钱。而网贷公司是以高额利息作为回报的，结果这些大学生就陷入了利滚利的陷阱不能自拔，整日忧心忡忡，严重影响到了大学的学习生活。

（二）大学生家庭经济压力进一步增大

网贷公司抓住了大学生社会经验差的特点，在大学生办理借贷手续的时候，对大学生本人的还款能力故意不审核，或走马观花敷衍了事。因为他们知道大学生的软肋，只管放款，万一大学生还款不上，就找家长偿还。这个陷阱纵容了大学生的盲目消费，助长了大学生的畸形攀比心理。现在家庭供养一个大学生实属不易，普通家庭经济压力陡增。还有一些大学生疯狂赌博、买彩票不能自拔，欠下巨额外债，使家庭的经济状况雪上加霜。

（三）校园综合治理难度加大

借贷的大学生，由于思维幼稚简单，基本的金融常识又非常欠缺，所以在还款期限到的时候，才发现自己中了网贷公司的圈套，巨额的利息加上本金，其数额已没有能力偿还。这种情况下，他们往往不敢告诉父母，也不跟辅导员班主任沟通汇报，在债主恐吓、威胁，甚至通过控制人身自由等非法手段逼债的情况下，有的大学生铤而走险走上犯罪的道路等，这些都是校园综合治理方面的安全隐患。而目前对校园网贷这一新型金融载体尚没有相关配套法律法规，所以公安对网贷公司惩罚无凭无据，法院审判时对事实也难以详查。因此，亟须国家出台相关措施，规范打击网络贷款公司的违法行为，还高校校园一片净土。

四、治理校园网贷对策

校园网络是一把双刃剑，总有有利与不利的局面。网络的发展也带来了各种新的问题。由于网络是一个开放的空间，各种信息可以自由出入，为人们生活带来各种方便的同时，也会引发安全侵害等问题，并因此影响人们在这一空间的生存质量。校园网贷是一把双刃剑，它为大学生们的消费提供了方便，但也纵容了一部分自控力差的学生。据调查，70.1% 的大学生消费自控能力弱，45.7% 的大学生信用意识薄弱。所以，对待校园网贷，大学生们如果能合理使用，不仅培养了较好的消费意识和理财观念，而且还能促进金融的规范发展。如果一棒子打死校园网贷，就有因噎废食之嫌。想要彻底治理校园网贷这一乱象，必须要做好足够的防范措施。

（1）从大一点的方面来说，政府要加强对非法贷款的治理力度，国家要出台相应的校园网贷的法律法规，规范这一金融现象。一旦出现纠纷，公检法机关就有了相关法律法规作为依据。

（2）高校从管理层面应该采取措施。严加防控高校大门口，应严禁校外人员进出。高校对校园电线杆、垃圾箱桶、厕所墙壁、宿舍走廊、食堂廊柱上的小广告，应进行集中清理铲除。从校园环境上杜绝网络贷款公司的渗入。对大学生进行基本金融知识、基本诚信意识的培养。培养的形式可以多样，例如金融常识的培训讲座、大学生关于诚信的辩论赛等，大学校园的广播、班级各种微信群等，增强大学生判断是非的本领，帮助大学生提升信用意识。高校应加强引导大学生理性消费，要把大学生的消费观念、消费状态、消费习惯作为重要的日常教育管理内容。通过走访社区、关心五保老人、走进敬老院、深入老少边穷地区等活动，让大学生知晓勤俭节约是中华民族的传统美德，鼓励大学生集中精力为实现中国梦而努力读书。高校应治理校园周边环境，联系公安、城管、工商部门，清理校园周边的各种小广告，形成信息畅通的预警处理机制。

（3）家长应更加关心孩子。家长应秉持健康理性的消费观念，给孩子树立良好的榜样，作为至亲和监护人，更应该给孩子多一些关心，掌握孩子的近况，时刻关注孩子的生活费等资金的流向，教育引导孩子避免出现不必要的借贷行为。同时，家长应该多与孩子沟通交流，若发现孩子突然出现大手大脚的消费行为，应该循循善诱加以引导，而不能视而不见。

（4）大学生头脑要清醒。尽管校园网络贷款存在种种陷阱，只要大学生不去碰它，就不会深陷其中。在生活、学习中，大学生如果确实需要一笔资金，务必要跟父母商量，取得家长的支持。有些家庭经济条件不错的大学生，还款能力也很强，在签订网贷合同之前，也很有必要对合同仔细推敲。

综上所述，互联网已经普及，“在互联网 +”形势下，网络贷款是一种新生事物。我们应该辩证看待。孔子说过：“奢则不孙，俭则固；与其不孙也，宁固。”也就是说对奢侈浮华的生活应该给以反对和抵制，对节俭朴素的生活应该提倡。大学生们在学习生活中，应该树立正确的价值观、人生观，坚持适度消费、理性消费，把精力用到学习中来。

参考文献

[1] 徐昊，马斌 . 时代的变换：互联网构建新世界 [M]. 北京：北京机械工业出版社，2014.

[2] 云亮，赵龙刚 . 智慧教育：互联网 + 时代的教育大转型 [M]. 北京：北京电子工业出版社，2016.

[3] 徐涛，齐亚静 . 学校思想政治工作要注意发挥学生的主体作用 [J]. 北京电子科技学院学报，2002（01）.

[4] 石中英 . 知识转型与教育改革 [M]. 北京：北京教育科学出版社，2005.

[5] 杨加陆，方青云 . 管理创新 [M]. 上海：复旦大学出版社，2003.

[6] 谢幼如 . 网络教学设计与评价 [M]. 北京：北京师范大学出版社，2010.

[7] 姜尔岚，吴成国 . 新编大学生就业实用指导 [M]. 成都：电子科技大学出版社，2004.

[8] 胡纵宇，黄亚丽 . 大数据时代大学生思想政治教育面临的问题及应对 [J]. 学校党建与思想教育，2013（06）.

[9] 张娟萍 . 贫困大学生的心理特征浅析 [J]. 青年文学家，2014.

[10] 邬贺铨 . 大数据时代的机遇与挑战 [J]. 思想教育研究，2013（06）.

[11] 喜超，谭淑娟，白莹 . 大数据时代高校学生管理大数据建设思路探究 [J]. 经济师，2016（11）.

[12] 刘献君 . 高等学校个性化教育探索 [J]. 高等教育研究，2011（03）.

[13] 王敏 . 道德激励在高校学生管理中的运用探究 [J]. 管理观察，2014（02）

[14] 张娟萍 . 高校学生工作存在的问题及对策 [J]. 青年文学家，2015.

[15] 陈佳 . 手机媒体视域下大学生思想政治教育路径探索 [J]. 吉林省教育学院学报，2016（02）.

[16] 邓续周 . 高校学生事务组织结构的改进与创新 [J]. 思想理论教育，2010（03）.

[17] 谭秀森 . 高校学生教育管理法律问题研究 [M]. 北京：人民出版社，2015.

[18] 吴丽芳 . 当前高校学生管理工作研究综述 [J]. 现代企业教育，2010（14）.

[19] 王锟来 . 民办高校学生事务管理研究 [M]. 成都：西南财经大学出版社，2012.

[20] 丁明 . 从学生管理的视角探讨诚信教育长效机制建设 [J]. 南宁职业技

术学院学报，2016（05）.
[21] 顾亚莉 . 高校学生管理工作面临的问题与对策研究 [J]. 经营管理者，2016（27）.
[22] 董英俊 . 互联网新媒体环境下高校学生管理工作的新思考 [J]. 长春教育学院学报，2013（01）.
[23] 张璐 . 用教育信息化促进高校学生管理工作的发展 [J]. 中国市场，2013（01）.
[24] 陈建祥 . 论学习的本质与当代学习变革 [J]. 教育学报，2014（02）.
[25] 刘佳 . 直播 + 教育：互联网 + 学习的新形式与价值探索 [J]. 远程教育杂志，2017（01）.
[26] 冯刚，赵锋 . 走进英国高校学生事务管理 [M]. 北京：中国人民大学出版社，2010.
[27] 吴伦敦 . 教师专业发展导论 [M]. 武汉：华中师范大学出版社，2011.
[28] 段长远，赵国峰 . 高校学生事务管理工作研究 [M]. 银川：宁夏人民出版社，2008.
[29] 钟秉林 . 互联网 + 带来的学习革命 [J]. 中国教师，2016（06）.
[30] 宋园林 . 网络思想教育 [M]. 北京：北京人民出版社，2012.
[31] 曹磊 . 互联网 +：跨界与融合 [M]. 北京：北京机械工业出版社，2016.
[32] 张晓京 . 美国高校学生事务管理 [M]. 北京：中国传媒大学出版社，2010.
[33] 徐子沛 . 正在到来的数字革命 [M]. 桂林：广西师范大学出版社，2015.
[34] 杨丹伟 . “以人为本”的学生管理创新研究 [J]. 北极光，2015（11）.
[35] 王林清，马彦周，张建和 . 高校学生事务管理规范与服务标准 [M]. 北京：中国文史出版社，2014.
[36] 肖冬梅 . 基于心理契约的高校学生管理Ⅲ [J]. 经营管理者，2014（15）.
[37] 舒娥 . 浅谈学生管理工作改革与发展 [J]. 科技展望，2014（10）.
[38] 吴永进 . 互联网新媒体环境下的学生管理工作模式探索——特征、问题及解决思路 [J]. 湖北成人教育学院学报，2014（06）.